「中国经济前沿」丛书
CHINA UPDATE BOOK SERIES

中国迈向
高收入
经济体的挑战

宋立刚　周伊晓　主编

China's
Challenges in
Moving towards
a High-income Economy

社会科学文献出版社
SOCIAL SCIENCES ACADEMIC PRESS (CHINA)

本书作者

宋立刚：澳大利亚国立大学

周伊晓：澳大利亚国立大学

蔡　昉：中国社会科学院

贾　朋：中国社会科学院

饶思航：北京大学

刘星铄：北京大学

盛　誉：北京大学

王　微：国务院发展研究中心

邓郁松：国务院发展研究中心

邵　挺：国务院发展研究中心

王瑞民：国务院发展研究中心

牛三元：国务院发展研究中心

刘　馨：国务院发展研究中心

徐琰超：云南大学

陈晓光：西澳大学

孙思忠：詹姆斯·库克大学

乔尔·鲍曼（Joel Bowman）：澳大利亚储备银行

李坤望：南开大学

胡浩然：山东大学

张礼卿：中央财经大学

尹力博：中央财经大学

吴　优：北京工商大学

目 录
CONTENTS

第一章　中国迈向高收入经济体的挑战与路线图

宋立刚　周伊晓

2019 年，中国人均 GDP 突破 1 万美元——这是 14 亿中国人数十年改革和发展中社会福祉显著改善的一个重要里程碑。同年，根据世界银行的估算，中国 GDP 已经达到 14.3 万亿美元，占全球 GDP 的 16.4%，与中国人口占全球人口约 18% 的比例十分接近。随着人均收入和 GDP 总量的提升，中国经济发生了工业化模式的一些根本性变革，不仅朝着具有高附加值的生产、贸易和投资的方向发展，还在创新、技术变迁和大规模减贫等方面取得重要成就。这些变化反映了与新的、更高级的增长和发展阶段相关的一些关键特征。这些结构变迁预计将持续深化，并有望使中国实现成为人均收入超过 12270 美元的高收入经济体的目标。[①]

一　在发展阶梯上的动态变化

过去 40 多年来，中国持续快速的经济增长可能是改革开放与人口结构良好结合的结果（Lin, 2013a；Cai et al., 2018）。在解释中国经济发展基本模式时，改革开放所产生的强大激励效应与中国在高增长时期的充足的劳动力供应表现得非常匹配，尽管这些劳动力供应最初是低技能的，但在发展

[①] 世界银行（2021）根据人均 GDP 将各经济体分为低收入、中低收入、中高收入和高收入经济体。

的后期逐步转向了高技能（Li et al.，2012）。我们可以从这一经验中获得一些关键的发展启示。

第一，中国的经济增长模式以制造业发展为中心，尽管近年来制造业投资在总投资中的占比有所减少，但制造业仍然在相当长的一段时间内吸引了大量的投资（见图1.1）。工业投资创造了就业，空前地加速了城市化进程，建立了综合性制造业基地，并先后通过深化国际一体化和专业化，遵循1970年代和1980年代东亚制造业增长模式和深度参与全球生产网络的方式，逐步将中国转变为一个国际性的工业强国（Kojima，2000；Lin，2013b）。正如卡尔多增长定律所阐释的那样，制造业的发展具有正向外部性，也就是说，制造业产出增长与GDP增长、制造业生产率增长、制造业以外部门的生产率增长之间，均存在强烈的正相关关系（Thirlwall，2015）。一项使用中国省际数据所做的经验研究验证了这种增长规律（Thirlwall，2011：111）。

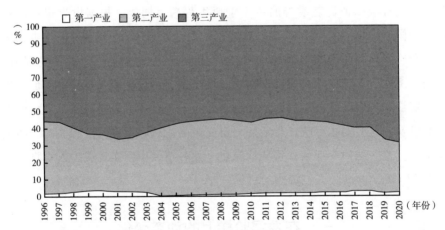

图1.1　中国第一、第二、第三产业固定资产投资占总投资的比重（1996~2020年）

数据来源：作者使用 CEIC 数据库的数据计算。

第二，中国工业部门的发展并没有使农业部门的发展显得落后太多。事实上，中国农业部门在改革开放中不断刷新着生产力增长的纪录，也实现了自身的转型（Sheng & Song，2019）。大量农民工不断向城市流动，同时随着农村家庭收入的稳步提高，农村已经成为工业品需求的重要来源。农村改革和城市化实现了工业部门和农业部门的相互支持，使得两个部门的收入迅速增长，并缩小了差距。2005 年，中国的农业政策发生了重大变化，在中国历史上首次取消了农业税，减轻了农民的负担（Heerink et al.，2006）。当然，为了深化农村改革还有许多工作要做，尤其是土地流转和农村宅基地改革等（Liu，2018）。这与许多发展中国家的经验形成了鲜明的对比。在这些国家，通过实施偏向城市的政策（Pugh，1996），工业部门的增长往往以牺牲农村部门的发展为代价。这种发展模式最终拖累了整体经济发展（Lipton，2007）。

第三，中国的基础设施建设在改革开放期间取得了成功。政府和私人部门通过对基础设施包括公路、桥梁、铁路、港口、机场、高铁、大型水利工程、电力和天然气设施等的大量投资，为国内外投资铺平了道路，并在加快市场化进程中发挥了重要作用，促进了商品、生产要素和思想更自由的内部交流（Qin，2016；Song & van Geenhuizen，2014；Yu et al.，2012）。新地理经济学文献表明，市场扩大带来了市场竞争加强和可竞争性增强的好处，因此，交通基础设施的改善有助于知识和技术的进一步传播（Canning & Bennathan，2000）。正如 Canning 和 Bennathan（2000：2）所说的那样：

> 如果发展中国家的腾飞依赖于一场高度协调的投资运动，那么通过公共协调的方式提供具有投资风险的大型基础设施，就有可能激发私人部门投资，并由此脱离贫困陷阱。

中国在基础设施建设方面的经验支持了这一点。如今中国正在开展"新基建"，以加强对数字经济的投入（Meinhardt，2020）。

第四，以 1995 年从关贸总协定（GATT）过渡到世界贸易组织（WTO）为标志，中国经济快速增长期与全球化进程的实施期和再实施期高度重合。在世界贸易组织主持下，全球贸易和跨境投资增长加快，中国已经成为这一进程的重要参与者。2021 年是中国正式加入世界贸易组织的 20 周年。此前20 年中，中国通过深度融入全球经济和按照入世时所做的承诺进行国内改革，一跃成为世界上最大的对外贸易国（Drysdale & Hardwick，2018）。根据联合国贸易和发展会议（UNCTAD，2021）的数据，截至 2020 年，中国已经超过美国，成为世界上最大的外商直接投资接受国，而当时在新冠疫情影响下，全球的外商直接投资总额下降了 42%。不仅如此，中国还成为海外市场的重要投资者。2019 年，中国的对外直接投资总额为 1180 亿美元，成为仅次于美国和日本的对外直接投资第三大国。尽管相比 2016 年的对外直接投资额峰值有所下降，但是中国对"一带一路"沿线国家的对外直接投资持续快速增长（2019 年同比增速达到 11.7%）。为了完全满足入世要求，中国在向外国竞争者开放市场、深化国内改革和解决诸如知识产权、国家补贴、市场竞争和国有企业等一系列的改革问题方面，做出了巨大的努力（Yu，2018；Zhou et al.，2019）。

第五，在人力资本积累和创新能力提升的基础上，中国在经济发展的追赶阶段，在创新和技术革命方面取得了重大的进展。中国国家统计局数据显示，2020 年中国研发支出同比增长 10.3%，达到 2.44 万亿元人民币，约合 3780 亿美元（NBS，2021）。根据中国国家统计局的报告，2020 年，研发支出占中国 GDP 的 2.4%〔见图 1、2（a）〕。报告显示，截至 2020 年底，中国共有 522 个国家重点实验室和 350 个国家工程研究中心在运转；2020 年，中国国家自然科学基金资助了大约 457000 个项目，产生了 360 万项专利——相比 2019 年增长了 40%。这些发展使得中国在包括数字技术在内的几个关键领域均实现了技术能力跨越，并使中国在从技术模仿到创新的过渡过程中，更加重视知识产权保护（Zhou，2014）。根据全球创新指数中的全球 131 个国家和经济体创新绩效的详细指标，中国的创新绩效在中等收入国家中排名第一，全球排名第十四。世界知识产权保护组织（WIPO）报告显示，其中国办事处在 2018 年共收到了创纪录的 154 万件专利申请，领先于

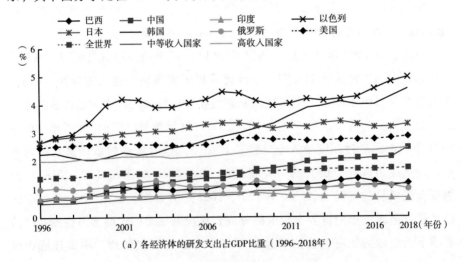

（a）各经济体的研发支出占GDP比重（1996~2018年）

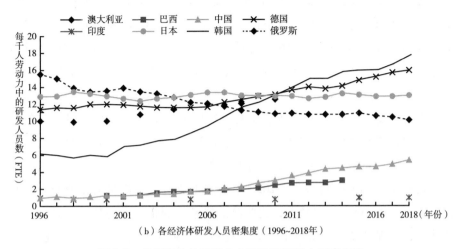

（b）各经济体研发人员密集度（1996~2018年）

图 1.2 各经济体的研发投入强度和研发人员密集度

数据来源：根据联合国教科文组织的数据计算。

其驻美国、日本、韩国和欧洲的办事机构。2018 年，中国的专利申请数实现了两位数的增长，而美国和日本的专利申请数略有下降。2019 年，全世界超过 84.7% 的专利申请发生在中国、美国、日本、韩国和欧洲专利局（EPO）的知识产权（IP）办公室。中国的专利申请数占世界总量的 40% 以上（见图 1.3）。

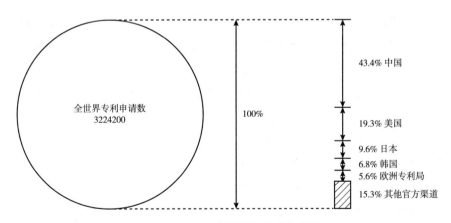

图 1.3 2019 年主要国家专利申请数

数据来源：世界知识产权数据库。

5

在提升技术能力方面，中国的公共部门和私人部门在更加紧密地合作，从而在新能源、电动汽车、航空航天和 5G 网络领域取得了重大的技术突破。例如，截至 2020 年，中国已经建成世界上最大的 5G 网络，5G 基站占全球总数的 70% 以上，并在关键 5G 技术的专利注册方面处于世界领先地位。中国高度重视"5G+工业互联网"战略，并且这一战略已经连续四年在中央政府主要工作报告中得到了强调。根据中国信息通信技术研究院的数据，中国在建的"5G+工业互联网"项目超过 1100 项，涵盖了水泥、汽车、石化、钢铁、采矿和石油等 22 个行业（新华社，2021b）。

根据工信部的一份报告，2020 年中国工业机器人产量同比增长 19.1%（新华社，2021a）。可以预期，这些前沿技术特别是与经济数字化转型相关的技术，将促进整个经济体生产力的提高。这种转变将在新的工业化模式、新的贸易和跨境技术转让模式以及新的消费模式等方面产生全球性的影响。

第六，这种投资驱动的增长模式带来的后果之一是环境的恶化。中国长达几十年工业主导增长模式的特点是，能源消耗和碳排放强度的快速增长，工业制成品和消耗的石油、矿产等自然资源在世界市场所占份额的增加（Roberts et al.，2016；Zheng et al.，2020）。中国的碳排放及其在全球碳排放中所占的份额从 1970 年代开始持续增长，尤其是在 2002 年以后，中国的工业化步伐加快，碳排放增长明显加快，在 2007 年超越美国成为全球最大的二氧化碳排放国。鉴于自身工业化的规模、速度和轨迹，中国在碳减排方面面临着巨大的挑战。当然，考虑到中国工业化进程中的环境代价，转向低碳增长显然符合国家整体利益。为了应对这一挑战，中国采取了包括技术变革和创新、市场价格机制改革、产业结构调整、可再生能源利用和消费模式转变等在内的一系列大的举措，以实现低碳增长（Jiang et al.，2013），这符合国家整体利益。

第七，现代化进程从根本上改变了中国的社会结构。随着收入水平的提高，中国形成了世界上最大的中产阶级群体（Kharas，2017），消除了绝对贫困（Guo et al.，2019）；全民医疗覆盖了 93% 的人口，2020 年城市化率达到 62%。凭借大量的教育投资，中国通过义务教育和庞大的培训体系显著提升了国民的识字率。中国的大学也开始进入全球顶尖大学排行榜（Fraumeni et al.，2019；Li et al.，2014）。与此同时，中国也面临着人口老龄化的问题（见图 1.4）。

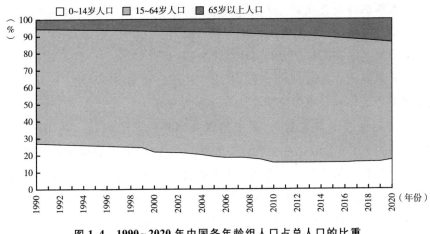

图 1.4　1990~2020 年中国各年龄组人口占总人口的比重

数据来源：根据 CEIC 数据库数据数据计算。

由于死亡率持续下降且生育率保持在一个相对较低的水平，人口老龄化很可能是一个不可逆转的长期发展趋势，而非只是发生在某一个特定时期的历史事件（Zhao，2011：296）。

总体而言，在过去 40 多年中，中国经济转型有三个重要的机会窗口。中国已经成功地应对了前两个挑战，但尚待时日证明其在第三个挑战中的成功。第一个机会窗口是 1970 年代末改革开放的历史性机遇，中国果断地摆脱计划经济体制，拥抱开放的市场经济，从根本上解放生产力、创造财富，从而实现经济的高速增长和人民生活水平的大幅提高。第二个机会窗口是 2001 年中国加入世界贸易组织。世界贸易组织正式承认中国加入全球贸易体系，从而让中国能够建立一个更加基于规则的市场化体制，并实现与世界其他国家高度相互依存。从那时起，中国从全球化中获得了巨大的收益，并为改善全球福利水平做出了贡献，但同时也因巨大的调整成本给其贸易伙伴带来了强烈的竞争压力。第三个机会窗口是关于中国在新冠疫情出现后的世界中，如何拥抱数字技术、转变经济增长模式，并应对结构变迁、去全球化、人口老龄化、收入不平等、公共部门债务和气候变化等一系列挑战。成功应对所有这些重要挑战，是中国步入高收入经济体行列的关键。

与此同时，中国长期存在一些结构性问题，如资源配置不当、效率低下、高碳排放强度、收入不平等以及缺乏市场相容的制度等。在中国已经实

7

现部分变革的体制背景下，这些问题需要通过广泛的供给侧改革、制度建设和社会变革来解决，以防止陷入中等收入陷阱。在中等收入陷阱中，生产成本上升导致无法提高生产力和实现技术进步，因而无法生产更多高附加值的产品，最终导致收入增长的停滞、社会失去增长和发展的动能。因此，建立与市场兼容的体制是确保长期增长与发展的关键。

如何避免"未富先老"，是中国需要回答的紧迫问题（Dollar et al.，2020）。中国迈向老龄化社会的步伐凸显了深化供给侧结构性改革的必要性，涉及生育政策改革、户籍制度改革和农村改革。考虑到近年来中国经济增长一直在减速，这种担忧不无道理，部分原因就是人口结构的变化。2012年以来，中国劳动年龄人口绝对数下降，出生率持续下降，总人口预计将从2025年开始下降（Bai & Lei，2020）。经济增速的下降部分也是因为近年来生产率水平的下降。对此，中国的"十四五"规划提出从2021年开始实施新的发展战略，旨在解决这些结构性问题，建立更加成熟的市场体系，继续提高人均收入水平，应对气候变化和收入不平等带来的挑战。

二 在新冠疫情期间保持增长

新冠疫情这一百年难遇的重大事件，发生于全球经济充满不确定性和中国经济增长放缓之时。由于广泛的防疫封控和全球供应链的中断，全球经济萎缩了3.5%。在全球经济萎缩的背景下，面对2020年的疫情冲击，中国成为唯一一个实现2.3%增长的主要经济体（IMF，2021）。中国经济稳步复苏，就业和民生得到了有效保障，经济社会发展要好于预期。2020年，中国就业市场保持稳定，城镇地区调查失业率为5.6%，低于政府设定的6%的年度目标。同年，中国的GDP总量超过了100万亿元人民币（相当于14.7万亿美元），约占全球GDP的17%。尽管受到疫情的影响，中国的"十三五"规划（2016~2020年）还是顺利收官。

三 迈向高收入经济体的路线图："十四五"规划和双循环新发展格局

新冠疫情后的中国经济复苏与"十四五"规划（2021~2025年）提出

的经济社会发展蓝图的实施时间重合。《中华人民共和国国民经济和社会发展第十四个五年规划和二〇三五年远景目标纲要》提出，到 2035 年，中国将实现社会主义现代化，成为一个社会主义现代化国家并达到中等发达国家收入水平。"十四五"规划还列出了未来五年的增长和发展重点。设定长期发展目标对在疫情后重建信心至关重要。

随着政策目标从"全面建成小康社会"变成"全面建设社会主义现代化国家"，"十四五"规划很可能成为中国经济发展道路上的一个分水岭。该规划推出的一系列政策的目的都是希望全面加强现代国家长期增长的基础，这些政策包括经济与市场、治理与法律、国防与安全、文化与认同、科学与技术、环境与健康、全球经济的参与和治理等各个方面。"十四五"规划一共有 19 篇和 65 章，列举了经济和社会发展的 20 个主要指标并描述了相关的举措，其中包括 102 个主要工程项目，2021 年政府会更详细地发布用于充实这些目标的地方规划和部门规划。

"十四五"规划包括几个关键的主题：加强创新和科学研究，为经济发展和科技自立提供战略支持；在双循环新发展格局下，强化国内市场，激发国内需求，深化供给侧改革；深化市场化改革，加强政府与市场的协调；通过城市发展带动农村发展；优化和促进区域协调发展和新型城镇化；发展文化软实力；促进绿色、可持续和低碳的经济增长；进一步开放市场，依托国内大市场加强国际合作，推进"一带一路"倡议，参与全球经济治理改革；提高人民的生活水平和获得感、幸福感、安全感；积极应对人口老龄化；制定国家安全战略并协调发展；加强国防和军事现代化。

在"十四五"规划中，技术创新的重要性显而易见。规划原文的第 2章、第 3 章和第 5 章阐述了创新和技术进步问题。由于中国的劳动力数量在 2011 年达到顶峰，创业和创新的速度可能会放缓，与此同时劳动力成本、护理负担和对医疗资源的需求将进一步增加经济运行的成本。应对方式包括推动持续的技术进步、实现劳动力替代和提高自动化水平、不断提升劳动力素质。对任何一个国家来说，技术进步既可以来自国内创新，也可以来自对国外技术扩散的吸收利用。随着技术竞争的紧张程度不断加剧，中国将不得不更多地依赖国内的研发。因此我们预计，中国的研发支出将继续不断增加。

"十四五"规划的第 4 章讨论了如何发展中国国内市场和构建新发展模

式。这一新发展模式是在中国开始对疫情后的经济复苏做规划时提出的，其核心就是习近平主席于 2020 年 5 月首次提出的双循环新发展格局。双循环新发展格局旨在促进构建更为强大的国内市场（内循环）和同时加强中国的国际经济地位（外循环）。国内大循环是主体，与外循环相互促进。

这一战略的提出体现了以下几个考虑因素：贸易摩擦导致国际市场越来越具有不确定性；安全问题使得全球价值链在疫情期间变得更加区域化和本地化；实现从出口驱动型增长到消费驱动型增长的再平衡，提高国内消费和效用；扩大国内市场，缓解各地区增长速度差异和收入的不平等。虽然中国可能更多地依靠本土创新来维持技术进步，但减少国际知识流动对于任何国家来说都具有高昂的代价，这是因为创新过程变得更加具有互联性和网络化特征。因此，中国需要一项加强知识流动的战略。

总体而言，"十四五"规划显示了中国战胜各种挑战的强大决心。如果这一规划成功落实，中国在这个过程中得到的能力将使中国比预期更快地成为高收入国家。

四　本书结构

在上述背景下，本书探讨了中国经济在向高收入经济体转型过程中面临的一系列挑战，其中包括农业发展、金融改革、人民币国际化、城镇化以及与创新、企业部门发展和市场竞争等相关的话题。中国的增长经验充满了令人振奋的变化和有关改革与结构变化的重要经验教训，因此今年的"中国经济前沿"再一次成为深入了解这些变化的途径。

在第二章，蔡昉和贾朋详细阐述了中国作为中等偏上收入国家的状况与国内社会流动趋势之间的关系，这些问题与中国克服中等收入陷阱的能力相关。作者利用跨国数据详细调查了发展阶段、增长率和社会不平等之间的关系，考察了在过去 40 多年的改革中中国经济增长的驱动因素，详细说明了这些驱动因素如何随时间变化。他们发现，过去几十年维持社会流动的主要驱动因素——劳动力市场机制、大规模国内移民和重大的结构性经济改革，随着中国的发展变得不再有效，而且即使是低增长的机会也逐渐减少。

对"只能通过做大经济蛋糕来解决社会流动性问题"这一观点，作者提出了质疑。他们认为这些问题必须通过经济和社会改革来解决，包括累进制税收、再分配政策，以及削弱体制性障碍尤其是户籍制度障碍。作者最后提出了旨在提高社会流动性和更公平地分享发展红利的政策建议。他们还建议对基本社会服务供给制度进行改革，使其按照实际的而非法律意义上的居住身份进行运作。同时，他们还强调中央政府降低户籍改革成本的体制性责任，以缓解地方政府在推行户籍制度改革时的相关外部性。

考虑到中国日益增长的农产品进口需求，第三章的作者饶思航、刘星铄和盛誉调查分析了中国当前和历史上 17 种主要农产品的比较优势和竞争优势。他们利用 1978～2018 年全球商品层面的农产品贸易数据，计算了比较优势指数（RCA）和竞争优势指数（RTA），从而比较中国在某些商品贸易中的比较优势。他们的研究发现，中国早期大多数农产品的相对优势与世界其他地区相比迅速下降，这表明人口和经济增长导致的需求增长速度超过了农业产出的增长速度。随着未来几十年中国粮食需求的进一步增长，作者预测了未来的大宗农产品需求并计算了中国和几个主要国家和地区之间的双边贸易互补系数，以确定潜在的最佳供应来源。他们的研究表明，进口土地和水资源密集型的产品从而腾出土地和资源来生产具有相对优势的产品符合中国的利益。

他们认为，虽然全世界有超过 35 亿公顷的土地适合耕种，但是只有约 15 亿公顷的土地得到了有效利用。如果中国和世界其他地区之间的贸易和投资关系能够根据其相对竞争力重新安排，那么全球粮食供应将大幅增加。因此，重新安排中国与其贸易伙伴之间的农产品贸易，可以为中国和世界提供双赢的结果。因此，担心中国的粮食需求将与其他发展中国家的需求相竞争从而给全球粮食供应带来更大压力的想法，可能是具有误导性的。

在第四章，王微、邓郁松、邵庭、王瑞民、牛三元和刘馨详细介绍了改革开放 40 多年来中国城市化取得的成就。作者描述了一个城市化水平稳步提高、城市格局不断优化、城市整体竞争力显著增强和城市治理体系不断完善的进程。伴随着这些进步的是居民生活水平的稳步提高。随着城镇化率达到 60%，中国已经进入追求高质量发展的城市化新阶段——这一局面与新技术革命的发生同步出现。

展望 2050 年，作者预测中国将进入高收入国家行列，产业结构将发生深刻变革。随着城市产业的转型升级，未来城市将聚焦于高质量发展的需求。他们认为，中国需要不断提高城市化的质量和效率，从而创造一种高效、低碳和绿色的城市发展模式，新技术革命的创造和应用为中国城市的高质量发展提供了一个机遇。他们的研究表明，新一轮改革开放释放的巨大的国内市场潜力和制度红利，将成为中国下一阶段城市化的驱动力。

当前中国政府发现，必须要在降低税率以激励商业投资、促进消费与保持税收和财政支出匹配这两个目标之间进行必要的权衡。为了缓解这种紧张关系，第五章的作者徐琰超和陈晓光提出了一项税收中性的改革措施，其政策中心就是针对那些面临资源错配和生产率损失的企业，改善其税收执行情况。他们研究了持续推进这项改革的理论机制并实证研究了可行性，结果发现潜在机制是"更低的税率＝更好的税收执行和合规性＝更高的生产率＝更大的税基＝更低的利率"。基于2000~2007年的县级财政数据和工业企业调查数据，作者将2005年取消农业税作为一项准自然实验来检验关键机制。通过使用关键参数的估计量，作者初步测算了能够推进收入中性改革的增值税税率的下限。

在第六章，孙思忠探讨了中国的总体创新活动及其增长效应。通过对投入（包含研发）产出（包含专利数）的检验，作者得出了对理解中国经济增长潜力具有重要作用的几个结论：第一，中国的创新处于上升通道，几乎没有增长放缓的迹象；第二，长期来看，创新似乎可以促进国家和行业层面的经济增长；第三，国家层面的创新不具有短期增长效应。考虑到创新的增长效应和中国面临的日益紧张的资源约束，创新很可能会在中国未来的经济增长中发挥重要的作用。

对中国企业财务状况的分析为了解中国经济的发展轨迹提供了重要线索，有助于评估政府政策对商业和企业活动的影响。在第七章，乔尔·鲍曼（Joel Bowman）首先对中国企业部门经营状况进行分析，发现自全球金融危机爆发以来，中国的企业部门盈利能力普遍下降，企业杠杆率上升。作者试图通过对官方调查数据和来自上海证券交易所、深圳证券交易所3700多家上市非金融企业财务报表的颗粒数据，来提供关于行业发展的最新信息。作者发现，近期企业盈利能力的下降主要是由私人部门推动的，尽管民营企业的盈利水平仍然要高于国有企业。

这些研究结果表明，导致企业盈利能力下降的主要因素包括：旨在降低金融系统风险的改革导致的对监管不严的信贷的挤压，以及私人部门更容易受到全球制造业和贸易增长放缓的影响，出口导向型制造业企业尤其感受到了这一点，因为它们受到了发达经济体经济相对疲软和中美贸易摩擦的影响。在研究了企业杠杆率现状和房地产行业面临的特殊挑战后，作者详细介绍了政府部门最近旨在改善小企业财务状况的系列措施，同时也承认了在实践中实现这些目标的挑战。

在经济全球化和国内土地、劳动力低成本的背景下，加工贸易发展是中国经济增长、工业化和就业的重要动力。在第八章，李坤望和胡浩然考察了2003年开始实施的旨在促进加工贸易转型升级的系列政策的影响。作者基于2000~2006年的中国海关数据和工业面板数据，使用双重差分法实证检验了加工贸易转型升级政策对企业生产率的影响。

他们的研究表明，这些政策导致了资源错配，并对生产率产生了净的负面影响。由于这些政策明显促进了加工贸易从中国东部地区向西部和中部地区转移，这就使得具备自然地理和物流优势的东部地区受到最大的负面影响，扰乱了生产效率和原始资源配置状况。这些政策的目的是培育民营企业，作者发现从事进口原材料加工贸易的外资企业和合资企业尤其受到了政策挤出效应的负面影响，从而拖累了总体生产率。他们发现，自2000年以来，中国的加工贸易呈稳步下降的趋势，但产品结构有所改善。作者认为产业政策应该以效率为导向，从而避免产生新的扭曲。

在第九章，张礼卿、尹力博和吴优用一个扩展的敞口利率平价回归模型分析了双边离岸人民币的回报率，从而评估了离岸人民币的避险资产特征。为了探讨这一问题，作者评估了离岸人民币对全球主要货币和"一带一路"沿线国家的双边汇率回报及其与全球风险行为体之间的关系。他们的研究表明：第一，离岸人民币表现出避险特征，并存在于某些全球主要货币和部分"一带一路"沿线国家的货币中；第二，与全球主要货币相比，"一带一路"沿线国家货币表现出的离岸人民币避险特征相对较弱；第三，上述提到的特征表现出时变性，在极端情况下，离岸人民币的套期保值价值更为突出。相关结果为全球金融市场的资产配置、对冲策略安排乃至系统性风险的防范提供了重要参考。

参考文献

Bai, C. and Lei, X. (2020), New trends in population aging and challenges for China's sustainable development, *China Economic Journal* 13(1): 3–23. doi.org/10.1080/1753 8963.2019.1700608.

Cai, F., Garnaut, R. and Song, L. (2018), 40 years of China's reform and development: How reform captured China's demographic dividend, in R. Garnaut, L. Song and F. Cai (eds), *China's 40 Years of Reform and Development: 1978–2018*, 5–28, Canberra: ANU Press. doi.org/10.22459/CYRD.07.2018.01.

Canning, D. and Bennathan, E. (2000), *The social rate of return on infrastructure investments*, The World Bank Policy Research Working Paper 2390, Washington, DC: The World Bank. doi.org/10.1596/1813-9450-2390.

Dollar, D., Huang, Y. and Yao, Y. (eds) (2020), *China 2049: Economic challenges of a rising global power*, Washington, DC: Brookings Institution Press.

Drysdale, P. and Hardwick, S. (2018), China and the global trading system: Then and now, in L. Song, R. Garnaut and F. Cai (eds), *China's 40 Years of Reform and Development: 1978–2018*, 545–74, Canberra: ANU Press. doi.org/10.22459/CYRD.07.2018.27.

Fraumeni, B.M., He, J., Li, H. and Liu, Q. (2019), Regional distribution and dynamics of human capital in China 1985–2014, *Journal of Comparative Economics* 47(4): 853–66. doi.org/10.1016/j.jce.2019.06.003.

Guo, Y., Zhou, Y. and Liu, Y. (2019), Targeted poverty alleviation and its practices in rural China: A case study of Fuping county, Hebei Province, *Journal of Rural Studies*. doi.org/10.1016/j.jrurstud.2019.01.007.

Heerink, N., Kuiper, M. and Xiaoping, S. (2006), China's new rural income support policy: Impacts on grain production and rural income inequality, *China & World Economy* 14(6): 58–69. doi.org/10.1111/j.1749-124X.2006.00045.x.

International Monetary Fund (IMF) (2021), *World Economic Outlook Update*, January, Washington, DC: IMF. Available from: www.imf.org/en/Publications/WEO/Issues/2021/01/26/2021-world-economic-outlook-update.

Jiang, P., Chen, Y., Geng, Y., Dong, W., Xue, B., Xu, B. and Li, W. (2013), Analysis of the co-benefits of climate change mitigation and air pollution reduction in China, *Journal of Cleaner Production* 58: 130–37. doi.org/10.1016/j.jclepro.2013.07.042.

Kharas, H. (2017), *The unprecedented expansion of the global middle class: An update*, Global Economy & Development Working Paper 100, February, New Delhi: Brookings India. Available from: hdl.handle.net/11540/7251.

Kojima, K. (2000), The 'flying geese' model of Asian economic development: Origin, theoretical extensions, and regional policy implications, *Journal of Asian Economics* 11: 375–410. doi.org/10.1016/S1049-0078(00)00067-1.

Li, H., Li, L., Wu, B. and Xiong, Y. (2012), The end of cheap Chinese labor, *Journal of Economic Perspectives* 26(4): 57–74. doi.org/10.1257/jep.26.4.57.

Li, H., Liu, Q., Fraumeni, B. and Zhang, X. (2014), Human capital estimates in China: New panel data 1985–2010, *China Economic Review* 30(September): 397–418. doi.org/10.1016/j.chieco.2014.07.006.

Lin, J.Y. (2013a), Demystifying the Chinese economy, *The Australian Economic Review* 46(3): 259–68. doi.org/10.1111/j.1467-8462.2013.12035.x.

Lin, J.Y. (2013b), From flying geese to leading dragons: New opportunities and strategies for structural transformation in developing countries, in J.E. Stiglitz, J.Y. Lin and E. Patel (eds), *The Industrial Policy Revolution II*, International Economic Association Series, 50–70, London: Palgrave Macmillan. doi.org/10.1057/9781137335234_3.

Lipton, M. (2007), Urban bias revisited, *The Journal of Development Studies* 20(3): 139–66. doi.org/10.1080/00220388408421910.

Liu, S. (2018), The structure of and changes to China's land system, in R. Garnaut, L. Song and F. Cai (eds), *China's 40 Years of Reform and Development: 1978–2018*, 427–54, Canberra: ANU Press. doi.org/10.22459/CYRD.07.2018.22.

McKay, H. and Song, L. (2010), China as a global manufacturing powerhouse: Strategic considerations and structural adjustment, *China & World Economy* 18(1)(February): 1–32. doi.org/10.1111/j.1749-124X.2010.01178.x.

Meinhardt, C. (2020), *China bets on 'new infrastructure' to pull the economy out of post-Covid doldrums*, Short Analysis, 4 June, Berlin: Mercator Institute for China Studies. Available from: merics.org/en/short-analysis/china-bets-new-infrastructure-pull-economy-out-post-covid-doldrums.

National Bureau of Statistics of China (NBS) (2021), *2020 Statistical Communiqué of the People's Republic of China on National Economic and Social Development*, [in Chinese], 28 February, Beijing: NBS. Available from: www.stats.gov.cn/tjsj/zxfb/202102/t2021 0227_1814154.html.

National Development and Reform Commission (NDRC) (2021), *The Fourteenth Five-Year Plan for the National Economic and Social Development of the People's Republic of China and the Outline of the Long-Term Goals for 2035*, Beijing: NDRC. Available from: www.ndrc.gov.cn/xxgk/zcfb/ghwb/202103/t20210323_1270124.html.

Pugh, C. (1996), 'Urban bias', the political economy of development and urban policies for developing countries, *Urban Studies* 33(7): 1045–60. doi.org/10.1080/00420989650011492.

Qin, Y. (2016), China's transport infrastructure investment: Past, present, and future, *Asian Economic Policy Review* 11(2): 199–217. doi.org/10.1111/aepr.12135.

Roberts, I., Saunders, T., Spence, G. and Cassidy, N. (2016), *China's Evolving Demand for Commodities*. Reserve Bank of Australia. Available from: www.rba.gov.au/publications/confs/2016/pdf/rba-conference-volume-2016-roberts-saunders-spence-cassidy.pdf.

Sheng, Y. and Song, L. (2019), Agricultural production and food consumption in China: A long-term projection, *China Economic Review* 53: 15–29. doi.org/10.1016/j.chieco.2018.08.006.

Song, L. and van Geenhuizen, M. (2014), Port infrastructure investment and regional economic growth in China: Panel evidence in port regions and provinces, *Transport Policy* 36(November): 173–83. doi.org/10.1016/j.tranpol.2014.08.003.

Song, L. and Zhou, Y. (2020), COVID-19 pandemic and its impact on the global economy: What does it take to turn crisis into opportunity?, *China & World Economy* 28(4): 1–25. doi.org/10.1111/cwe.12349.

Thirlwall, A.P. (2011), *Economics of Development*, New York: Palgrave Macmillan.

Thirlwall, A.P. (2015), A plain man's guide to Kaldor's growth laws, in *Essays on Keynesian and Kaldorian Economics*, Palgrave Studies in the History of Economic Thought Series, 326–38, London: Palgrave Macmillan. doi.org/10.1057/9781137409485_15.

United Nations Conference on Trade and Development (UNCTAD) (2021), *World Investment Report*, Geneva: UNCTAD. Available from: unctad.org/topic/investment/world-investment-report.

World Bank (2021), World bank country and lending groups, *Data*, Washington, DC: The World Bank. Available from: datahelpdesk.worldbank.org/knowledgebase/articles/906519-world-bank-country-and-lending-groups.

Xinhua (2021a), China's industrial robot output up 19.1 pct in 2020, *XinhuaNet*, 17 February. Available from: www.xinhuanet.com/english/2021-02/17/c_139747876.htm.

Xinhua (2021b), Huawei 5GtoB solution aims at 1,000 smart factories, *XinhuaNet*, 9 May. Available from: www.xinhuanet.com/english/2021-05/09/c_139934818.htm.

Yu, N., De Jong, M., Storm, S. and Mi, J. (2012), The growth impact of transport infrastructure investment: A regional analysis for China (1978–2008), *Policy and Society* 31(1): 25–38. doi.org/10.1016/j.polsoc.2012.01.004.

Yu, Y. (2018), A trade war that is unwarranted, *China & World Economy* 26(5): 38–61. doi.org/10.1111/cwe.12255.

Zhao, Z. (2011), China's demographic challenges from a global perspective, in J. Golley and L. Song (eds), *Rising China: Global Challenges and Opportunities*, 285–300, Canberra: ANU Press. doi.org/10.22459/RC.06.2011.16.

Zheng, X., Lu, Y., Yuan, J., Baninla, Y., Zhang, S., Stenseth, N.C., Hessen, D.O., Tian, H., Obersteiner, M. and Chen, D. (2020), Drivers of change in China's energy-related CO_2 emissions, *Proceedings of the National Academy of Sciences* 117(1): 29–36. doi.org/10.1073/pnas.1908513117.

Zhou, W., Gao, H. and Bai, X. (2019), Building a market economy through WTO-inspired reform of state-owned enterprises in China, *International & Comparative Law Quarterly* 68(4): 977–1022. doi.org/10.1017/S002058931900037X.

Zhou, Y. (2014), Role of institutional quality in determining the R&D investment of Chinese firms, *China & World Economy* 22(4): 60–82. doi.org/10.1111/j.1749-124X.2014.12075.x.

第二章　解决社会冲突，跨越中等收入陷阱

蔡昉　贾朋

当他们在途中的时候并没有遇到任何困难，因为他们在飞翔。可等到他们落脚之后，所有的困难就显现出来了。

——尼古拉·马基雅维利《君主论》

一　引言

2018 年，中国经济总量与欧元区相当，约为美国经济总量的三分之二，占全球经济总量的 16%。2019 年，中国经济增长率为 6.1%，高于任何其他主要经济体，中国在世界经济中的重要性进一步提高。与此同时，中国人均 GDP 超过 1 万美元，显著高于中等偏上收入国家的平均水平。[①]

许多经济学家、智库和国际机构认为，中国的经济增长在未来一段时间将持续强劲。中国已经在向高收入国家转型，似乎在几年内一定会跨过中等收入国家和高收入国家之间的门槛。根据国际经验，在这一发展阶段，维持经济增长和社会稳定至关重要。

---

① 除非另有说明，本章使用世界银行的 2010 年美元标准：低收入国家（人均国民总收入在 1005 美元及以下）、中等偏下收入国家（1006~3955 美元）、中等偏上收入国家（3956~12235 美元）和高收入国家（12235 美元以上）。

首先，尽管世界银行设定了进入高收入国家的门槛为人均国民总收入达到某一水平（现阶段为 12235 美元），但是无法保证满足这一收入条件的国家始终保持在高收入国家行列，而且这一标准也不是一国持续增长的保证。我们需要更多的指标来确定一个国家是否能够持续增长。其中，社会发展指标尤其重要，因为它们可以体现经济发展的目的和经济发展的持续动力。

其次，对于大多数接近高收入门槛的中等偏上收入国家，经济增长趋于放缓，而各国的增长表现存在差异（Eichengreen et al.，2011，2013）。那些未能妥善应对经济增长放缓从而导致社会发展表现差强人意的国家，经常陷入增长停滞和收入差距扩大的恶性循环，这就是经济学家所说的中等收入陷阱。①

最后，随着容易实现的经济增长驱动力越来越稀缺，以及可以使用帕累托改进描述的改革机会越来越少，各国必须在应对经济放缓的同时保持社会的流动性。做大蛋糕和保持公平分配就要求进一步改革，其中包括打破既得利益、通过创新挖掘新的增长点以及强化政府的再分配能力。

中国自 2010 年成为中等偏上收入国家（人均国民总收入超过 3955 美元）以来，中国的人口转型已经进入了一个完全不同的阶段。劳动年龄（15~59 岁）人口迅速下降，人口抚养比也相应提高。因此，劳动力短缺、人力资本改善放缓、资本投资回报率下降以及劳动力转移速度下降（减缓了生产率的增长），都会导致潜在增长能力的减弱和实际增长的放缓。

中国国内生产总值的年均增长率从 1980~2010 年的 10.1% 下降到 2012~2019 年的 7%。根据对中国潜在增长率的估计，中国经济增速将继续保持下降趋势，直到回归平均水平。②

发展成果如何在人民之间共享，这既取决于做蛋糕的速度，也取决于分配蛋糕的机制。在分配模式不变的情况下，产出增长的放缓往往会降低收入

---

① Gill 和 Khara（2007）首次使用这一概念来分析东亚经济体面临的挑战，而许多研究人员更经常将南美洲国家作为典型的例子。

② Pritchett 和 Summers（2014）预测，2015 年中国经济的增长率将回归平均值（世界经济的平均速度），这被证明是错误的。正如 Cai 和 Lu（2013）所估计的，由于中国潜在增长率的减速是温和、渐进的，预计与大多数其他主要经济体相比，中国经济的实际增长率将在一段时间内保持合理的高水平，在接近 2050 年的某个时候回归到世界平均水平。

水平并改变分配性质。对中国而言，经济增速放缓以后，收入差距缩小的趋势已经出现轻微的反转。中国家庭收入基尼系数的下降（从 2008 年的 0.491 下降到 2015 年的 0.462）自 2016 年以来基本停滞。至于家庭可支配收入的分配状况，其改善的情况同样也是暂时的。城市家庭可支配收入分布的前 20% 分位点与后 20% 分位点，其比率从 2008 年的高达 5.77 下降到 2012 年的 5.00，而后又上升到 2018 年的 5.90；农村家庭可支配收入相应分位点的比率，从 2011 年的 8.39 下降到 2013 年 7.41，而后又上升到 2018 年的 9.29。

本章基于跨国数据研究了全球经验，以阐明为什么经济增长放缓，以及为什么社会发展会停滞在中等偏上的收入阶段。本章特别关注了中国在向高收入国家转型过程中的经验教训。第二节基于跨国数据描述了与经济发展阶段相关的经济增长率和收入分配的变化。第三节解释了为什么经济增长放缓会降低中国社会的流动性。第四节探讨了中国向高收入国家转型过程中社会流动的制度性障碍。第五节建议，为了应对中国面临的独特挑战，再分配政策应该侧重于基本公共服务的均等化。

二 经济增长放缓和随之而来的分配恶化

传统的经济增长理论认为，经济发展是一个同质的过程——各国在不受发展阶段变化的干扰下，可以通过遵循预定路径实现经济扩张和人均收入的提升。在新古典增长理论下，增长表现与初始人均收入相关的条件收敛假设预计，一旦有了必要的初始禀赋、制度和基础设施，发展起点阶段收入较低的国家增长将快于那些起点阶段收入较高的国家。穷国与富国之间的增长率差异将导致各国人均收入水平的趋同（Barro & Sala-i-Martin，1995）。

这些理论几乎没有关注到处于不同发展阶段的两个国家之间的增长模式差异。[①] 然而，正是这些差异导致了经济增长表现和相关社会发展的差异。

对于初始收入水平和后续增长绩效之间关系的简单考察表明，如果存在某种形式的收敛，那一定与经济发展阶段密切相关。在图 2.1 中，我们展示了

---

① 尽管关于不同组别和国家在不同发展阶段的"俱乐部收敛"的实证研究是观察增长差异性的重要表征，它们却没有特别地使用发展阶段的概念，参见 Baumol（1986）。

1990 年人均 GDP 与 1990~2018 年人均 GDP 增长率之间的描述性统计关系。

图 2.1（a）和图 2.1（b）分别展示了所有 214 个数据可得的国家和 164 个人均 GDP 低于 12000 美元的中、低收入国家的情景。在此两种情景中，初始收入水平和经济增长率之间几乎没有相关性——也就是说，没有发现趋同的特征。

图 2.1（c）展示了人均 GDP 在 1000~12000 美元的 116 个中等收入国家的情况。在这种情况下，初始收入水平和后期增长之间的相关性微不足道，仅显示比较模糊的收敛轨迹。在图 2.1（d）所示的情境中，包含了人均 GDP 在 4000~12000 美元的 43 个中等偏上收入国家，初始收入和后期增长之间的相关性以及由此产生的趋同效应比上述情境更为明显。

这些趋同假设的描述性展示结果揭示了发展中国家在相关时期表现出追赶更先进国家的客观事实。

由于缺乏经济起飞的必要条件，许多低收入和中等偏下收入国家陷入了低水平均衡陷阱，表现为在中等偏下收入和中等偏上收入水平之间的门槛附近徘徊。在此发展阶段，不同国家的增长表现差异巨大：一些国家成为经济追赶的超级明星，一些国家却陷入增长的停滞。

受益于人口红利，那些成功追赶高收入国家的低收入和中等偏下收入国家大体上经历了双重的经济发展。正如收敛定义本身预测的那样，处于这种状态的中等偏上收入国家往往会由于劳动力供应、投资回报率、资源配置效率和技术后发优势等的递减效应而出现增长逐步放缓。

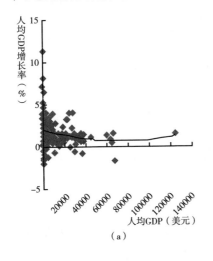

（a）

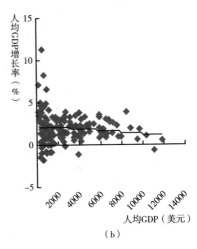

（b）

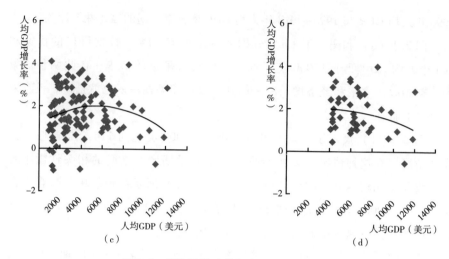

图 2.1 经济发展阶段与人均 GDP 增长率

数据来源：World Bank（2021）。

如图 2.1（c）和图 2.1（d）所示，在中等收入阶段，特别是中等偏上收入阶段，各国的增长率均表现出收敛趋势。那些处于向中等偏上收入转型后期，特别是在高收入门槛附近经历了增长放缓的国家，其增长的表现往往有所不同，这取决于它们是如何应对增长放缓的。正是在这样一个关键时期，各国走上了不同的轨道：要么进入高收入阶段，要么陷入中等收入陷阱。

让我们转向收入分配与发展阶段之间的关系。库兹涅茨（1955）通过绘制收集到的早期工业化国家数据，发现了收入不平等的倒 U 形曲线。也就是说，随着人均收入的增加，以基尼系数衡量的收入不平等在经济发展的早期阶段不断上升，在到达峰值（或称库兹涅茨转折点）以后开始下降。库兹涅茨的观察广受质疑，部分原因是没有得到新证据的支持，部分原因可能是它被引用来支持各种版本的"涓滴经济学"政策。

同样，我们使用世界银行的数据来了解人均 GDP 和基尼系数之间的关系在不同的发展阶段的表现。从图 2.2（a）可以看出，对于样本中、的 119 个中、低收入国家，我们无法找到库兹涅茨提出的基尼系数随着人均 GDP 增加而增加的模式。

图 2.2（b）和图 2.2（c）分别显示了 94 个中等收入国家和 40 个中等偏上收入国家的收入分布，结果这两种情形均显示，人均 GDP 和基尼系数之间的相关性很小。值得一提的是，中等偏上收入国家通常存在高度的收入

不平等。

图 2.2（d）绘制了 153 个数据可得国家的发展模式。由于这种情形是在之前情形的基础上增加高收入国家形成的，库兹涅茨曲线的出现应该归功于高收入国家的收入分配模式。①

我们将一些粗略的发现总结如下。首先，至少根据图 2.2 显示的数据，库兹涅茨曲线并不存在。没有任何实证证据支持基尼系数在早期阶段与人均 GDP 同步增长，也不存在库兹涅茨转折点机制。

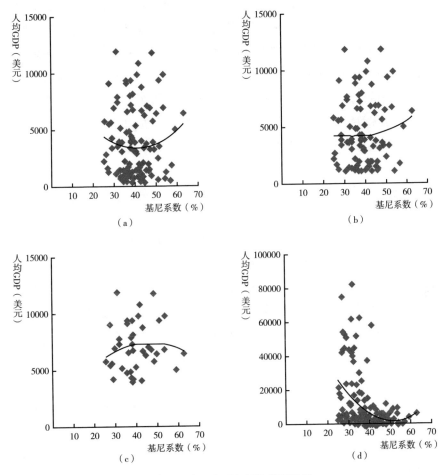

图 2.2 收入分配与经济发展阶段

数据来源：World Bank（2021）。

---

① 各国之间尤其是中等偏上收入国家之间收入分配的不同趋势，很值得关注。

其次，尽管在所有的发展阶段中，不同国家的收入不平等指数差异很大，但是基尼系数和人均 GDP 之间似乎存在某种联系，特别是在研究中等偏上收入和高收入国家时。这进一步证明，中等偏上收入国家容易陷入中等收入陷阱，并通常表现为经济放缓和收入差距扩大。

最后，高收入国家显示出较小的基尼系数，即较为公平的收入分配，实际上是经过税收和转移支付调整以后的结果。结合第二个发现可以说明，当一个国家进入中等偏上收入阶段并向高收入阶段发展时，收入分配政策变得越来越重要。那些导致中等偏上收入国家经济增长放缓的相同因素，削弱了劳动力市场降低（初次分配）不平等和促进社会流动方面的作用。诚然，再分配政策和相关政策不一定能成功缩小收入差距。事实上，在许多情况下，由于既得利益主体的议价能力更强，再分配政策只能是在经济增速放缓的时候起些微作用或实际上加剧了收入不平等。然而，这些现象表明，这一阶段是再分配政策选择有效实施方式的关键阶段。在向高收入国家转型过程中，这些发现对于中国促进社会流动到底意味着什么？

三 中国向高收入国家转型中的社会流动性变化

到目前为止我们得出的结论是，发展阶段有助于理解经济增长和社会发展，并有助于解释各国在这些过程中的成败。在向高收入国家迈进的过程中，中国不仅出现了经济增速放缓，而且经历着不断降低的社会流动性。

改革开放以来，中国经济快速增长的成果通过劳动力市场机制在民众中得到了广泛分享。这种共享的性质与机制，与中国具体的发展阶段以及中国经济在这一时期所采取的独特的增长模式密切相关，直到二者均发生了变化。

从 1980 年代到 2010 年代初期，中国在人口方面出现了一个非常有利的窗口期，劳动年龄人口增加且人口抚养比下降，两者变化都很快。相关改革消除了劳动力流动的体制障碍，将农业中的剩余劳动力和城市企业中的冗余劳动力转移到新兴部门就业。这同时提高了农村和城市家庭的收入，并重新分配了整个经济中的资源。

通过参与全球经济，中国丰富的劳动力资源已经转化为制造业商品的比较优势和竞争优势。中国利用其在全球产业链中劳动力密集型制造业的相对优势，用其丰富的劳动力要素与发达国家拥有的资本要素进行交换。① 大体来说，这种贸易模式往往会提升中国的劳动力回报，中国工人因而分享了改革开放和随之而来的经济增长带来的好处。

特别是在农业劳动力大量过剩、城市企业劳动力冗余并遏制工资增长的年代，通过更充分地参与工资性就业，城乡家庭总收入以及工资性收入在总收入中的占比均有所增加。随着经济增长跨过刘易斯拐点②，城乡家庭总收入的提高更加依赖于工资的增长，因为劳动者在劳动力市场上获得了更强的议价能力。

因此，在过去 40 多年的大部分时间里，中国发展进程的特征可以被概括为经济增长、就业扩大和收入同步增长。1978~2019 年，中国商品进出口总额名义年增长率为 18.4%，实际 GDP 的年增长率为 9.4%，第二和第三产业就业的年增长率为 4%，人均可支配收入的年增长率为 8.4%。

人口红利窗口期结束以后，中国经济已经不具有无限劳动力供应的特征。这表现为劳动力流动放缓，导致城市就业增长放缓、制造业比较优势减弱，以及中国与发达国家商品贸易份额的下降。

可以预期的是，随着经济领域发生这些变化，收入分配的改善将趋于减速，最重要的是社会流动性将减弱。我们可以从横向和纵向两个视角来观察社会流动及其变化趋势。通过劳动力迁移（即横向流动），个人和家庭可以改变其职业和收入状况，实现他们想要的纵向流动。因此，社会流动不仅仅是劳动力和人口的再布局，更重要的是，它还涉及社会分层模式、幸福感、社会正义观念的共识以及由此产生的社会凝聚力。在下文中，我们通过一些显性指标来讨论中国社会流动的趋势。

改革开放以来，中国大量的剩余劳动力从农业部门转出，从农村转移到城市部门，从而导致部门结构和区域发展模式发生了重大变化。1978~2018年，农业劳动力占总劳动力的比重从 70.5% 下降到 26.1%，而城市常住人口占总人口的比重从 17.9% 上升到 59.6%。然而，由于人口转型和劳动力

---

① 从 1980 年代到 21 世纪的第 1 个 10 年，中国对发达国家的商品出口在中国商品出口总额中的占比保持在 75% 以上，而中国从发达国家进口的商品占比也很高。此后，这两种占比呈现长期下降的趋势。

② Cai（2016）认为，2004 年刘易斯拐点在中国出现，那时中国沿海地区出现了劳动力的短缺，随后这一现象开始在全国范围内扩散。

再配置，近年来劳动力转移速度有所放缓（Cai，2016），如图 2.3 所示。城乡之间、区域之间和部门之间劳动力流动的这种下降趋势，往往会削弱社会流动性，即职业、收入状况和社会身份的变化受阻。

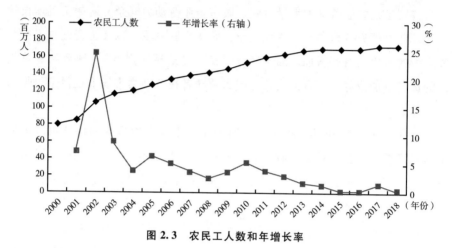

图 2.3　农民工人数和年增长率

数据来源：早期数据来自 Cai（2016）的估计，更新的数据来自中国国家统计局（2019）。

从理论上讲，在一个以经济快速增长、部门结构显著变化、教育急剧扩张和跨区域、跨部门的大规模劳动力流动为特征的发展阶段，一个国家的职业结构往往会迅速升级为人力资本更密集的模式，从而促进整体向上的社会流动。与此同时，虽然社会为人们创造了更多在职业和收入阶梯上攀登的机会，但是这样做并不会以牺牲其他人的努力为代价。更强的向上流动性和更弱的向下流动性意味着，不仅经济发展的成果为人们所共享，社会流动性也得到了帕累托改善。

升级职业结构有两个关键因素：作为需求侧因素的部门结构升级和作为供给侧因素的劳动年龄人口受教育水平的改善。在过去几十年中，这两个因素在中国都发生了翻天覆地的变化，形成了独特的社会流动模式和社会流动变化。

我们根据第五次和第六次全国人口普查（分别在 2000 年和 2010 年）的数据①，分别计算了两个指标来观察这种变化。第一个指标是按年龄分组的

① 有关第五次和第六次全国人口普查的更多信息，请访问中国国家统计局网站：data. stats. gov. cn。

受教育年限。根据每个年龄段的受教育情况，我们将未上学赋值为 0，完成小学教育赋值为 6，完成初中教育赋值为 9，完成高中教育赋值为 12，完成大专教育赋值为 15，完成大学教育赋值为 16，完成研究生教育赋值为 19.3（硕士和博士生的加权平均数）。第二个指标是技术人员和行政人员占劳动年龄人口的比例[①]，这显示职业升级的状态。从图 2.4 中可以发现受教育年限和职业升级率的两个特征。首先，2000~2010 年，无论是人力资本水平还是员工的工作流动性都得到了显著改善，这表明经济增长、就业结构变化和教育发展之间相互促进。[②] 其次，从不同年龄组的时点比较来看，对于 29 岁以上的各年龄组，2000 年和 2010 年的受教育年限和职业升级率随着年龄的增长而降低。这意味着，虽然人力资本在促进工作流动方面发挥着积极作用，但是人口老龄化往往会削弱人力资本禀赋和工作流动性的作用。

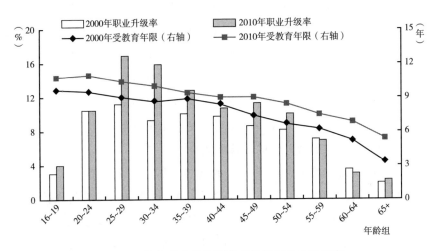

图 2.4　按年龄分组的受教育年限和职业升级率

数据来源：中国国家统计局网站。

进一步的调查显示，16 岁及以上人口中技术人员和行政人员的比例从 2002~2006 年的 12.5% 上升到 2012~2017 年的 18.9%。然而，随着那些促

---

① 我们可以将其视为白领的代表。尽管我们忽略了那些被认定为干部的人，但这种分类并不能将管理人员与政府干部区分开来。

② 与发达国家相比，中国的独特之处在于其经济和教育系统的快速发展。例如，在英国，教育在职业变革中的作用不是决定性的，参见 Goldthorpe（2016）。

进职业升级的要素改变，工作流动会放缓。几乎所有伴随着人口红利消失的变化，如人力资本改善的放缓、制造业增加值在 GDP 中占比的下降、制造业就业的减少以及服务业在吸纳就业方面的主导地位①，均会拖累职业升级，从而降低社会流动性。

因此，社会流动的趋势会根据国家的发展阶段不同而朝着不同的方向发展。首先，随着快速的经济增长和结构变化，社会流动更可能是一种正和博弈或帕累托改进。过去几十年来，中国居民主要通过这种社会流动分享经济发展的成果。其次，在经济增长和结构变化相对稳定的状态下，职业升级的机会变得越来越少，一些人的向上流动可能伴随着另一些人的向下流动。这也是中国经济增长放缓时会发生的一种情况。

这种社会流动零和博弈的情景可能会相应地产生不利的影响。也就是说，当所有个人和家庭都在为向上流动而奋斗的时候，那些已经处于"上层"并试图保持其位置的人，不可避免地与那些处于"下层"并试图打破现有社会分层模式的人发生冲突。这种冲突反过来又会使得社会流动不再是帕累托改善，降低了个人层面的幸福感和社会层面的凝聚力。

劳动年龄人口的大量增加、经济的快速增长和部门结构的快速变化，都是特定发展阶段的现象，但社会流动应该发生在任何发展阶段。因此，促进社会流动的方式应该随着时间的推移而改变。

人们普遍认为，增长是消除痛苦的终极方式。然而，认为"要解决蛋糕分配不公平问题，唯一可行的就是做大蛋糕"是毫无意义的。社会不稳定和收入不平等的根源在于制度。因此，促进社会流动和减少收入不平等需要社会和经济改革。下面我们将讨论中国如何通过消除各种制度障碍来提高社会流动性和改善收入分配。

四　哪些制度障碍阻碍了中国的社会流动？

社会流动性不足不仅扩大了收入差距，还将影响后代，造成社会阶层固

---

① 与从农业部门向非农部门的就业转移不同，从第二产业向第三产业的就业转移导致了整个经济的劳动生产率的下降。例如，2018 年，第一、第二和第三产业的就业占比分别为 26.1%、27.6%和46.3%，对应的劳动生产率（人均增加值）分别是 32000 元、171000 元和 136000 元。

化。随着劳动力市场机制越来越不足以解决不流动和不平等的问题，政府应介入并实施再分配政策，不仅包括累进税、收入转移和公共服务供给，还应包括在更大范围促进社会流动的政策。

在今天的中国，城乡之间、地区之间和不同群体之间基本公共服务获取的差异化，已经成为主要的制度障碍，阻碍了社会流动，而户籍制度使得这些差异合法化。

户籍制度的最初目的是通过严格的人口登记和隔离性、排他性的公共服务供给，阻止城乡之间和区域之间的人口迁移。这一制度在1958年建立以后，使得除了大学入学、征兵和计划性的招募以外，几乎没有任何地区之间的人口迁移，特别是在1960年代和1970年代的城乡之间。这种职业变化的障碍以及由此产生的城乡收入差距，使得中国成为当时世界上流动性最小的社会。自1980年代中期以来，城乡之间、区域之间劳动力迁移规模已经扩大。尽管户籍制度的定位已经改变，但是其分离基本公共服务供给的功能依然不变。这种隔离造成的长期社会二元结构造就了一个特殊的群体——农民工，他们不仅面对成为城市合法居民的有形障碍，也要面对向上社会流动的无形障碍。2018年，还有1.727亿农民工居住在户口所在乡镇以外的地方。由于城市公共服务的获取权利在很大程度上取决于人们的户口状况，所以农民工（他们中的78.2%居住在城市）在社会保障方面并没有得到平等对待。根据中国城市劳动力调查（CULS）的数据①，农民工和本地工人在工作场所待遇和公共服务供给方面存在显著的差异，2010～2016年仅略有改善（见表2.1）。

首先，农民工的工资仍然低于本地工人。2016年，农民工的时薪为本地工人的73%。尽管农民工可以通过加班来增加月收入，例如，他们的工作时间比本地工人高出26%，但这并不能消除工资差距。2005年的中国城市劳动力调查（CULS，2005）显示，户籍可以解释这两个群体之间工资差异的43%。也就是说，在控制了受教育程度和其他个人特征变量以后，工资差距仍然存在。其次，2016年，农民工参加社会保险的比例明显偏低。

① 第四轮中国城市劳动力调查是由中国社会科学院人口与劳动经济研究所于2016年开展的。该调查从上海、福州、武汉、沈阳、西安和广州的260个社区的6478户家庭中抽取了15448名个体。在全部样本中，3897户家庭、9753人是户籍居民，2581户家庭的5695人户籍不在常住地，相关的详细信息请参阅：iple.cssn.cn。

例如，农民工参加基本保险的比例只有本地工人的 40%，参加失业保险的比例只有本地工人的 44%，参加医疗保险的比例只有本地工人的 45%。

表 2.1　城市劳动力市场的差别化待遇

指标	2010 年		2016 年	
	农民工	本地工人	农民工	本地工人
工作和收入				
每周工作时间(小时)	57.00	43.70	55.20	43.90
月薪(元)	2158.00	2368.00	4839.00	5206.00
时薪(元)	9.80	13.50	24.10	33.00
社会保险覆盖率(%)				
养老保险	26.40	77.90	32.60	80.80
失业保险	10.40	51.80	31.60	71.10
医疗保险	26.30	74.10	37.50	82.60
其他(%)				
子女在当地学校入学率	—	—	67.00	100.00
最低生活保障获得率		4.20	0.70	1.90

注：子女在当地学校入学率仅包括小学、初高中阶段入学率；由于问卷没有询问学校的位置，我们假设回答为"已入学"的，其子女在所在城市的学校入学；"—"表示数据不可得。

因为农民工就业的不稳定性，雇主不愿意为农民工缴纳社会保险，农民工自己也不愿意参加针对雇员或城市居民的社会保险。许多农民工通过劳务派遣机构找到工作，这也为劳务派遣机构和雇主提供了将其排除在社会保险范围之外的借口。

最后，农民工在他们居住和工作的城市缺乏获得其他公共服务的平等机会。例如，2016 年，获得最低生活保障的农民工的比例只有本地工人的 37%，只有 67% 的农民工子女就读于当地的学校。根据国家统计局（2019）的数据，农民工子女在当地获得政府财政支持的公立小学和私立小学就读的比例分别只有 82.2% 和 11.6%，在当地公立中学和私立中学就读的比例分别只有 84.1% 和 10%。至于农民工的住房，19% 是购买的，61.3% 是租赁的，12.9% 是雇主提供的，只有 2.9% 的农民工获得过地方政府提供的住房补贴。

五　结论与政策建议

在中等偏上收入发展阶段，即使经济自然放缓，如果能够转变增长模式以适应新阶段，也可以实现相对温和但更可持续的增长。类似地，保持劳动力市场的竞争并实施更多的分配政策，可以保持社会流动性和实现发展成果的共享。

当今中国面临的挑战是，现有的体制障碍阻碍了社会的总体流动，尤其是户籍制度阻碍了劳动者充分融入城市。消除这些障碍存在一个悖论：一方面中央政府有责任启动必要的改革；另一方面，中央政府和地方政府必须执行现有的政策。我们提出了一些政策建议来应对这一困境。

第一，通过引入更具包容性的一般化社会保障项目，使公共服务供给与户籍相分离。目前，提供基本的社会保险、最低生活保障、义务教育和住房补贴都是地方政府的职责。地方政府根据实际居住身份（在城市居住 6 个月及以上）而不是法律上的居住身份（拥有当地户口）来提供基本公共服务，基本上可以打破社会流动的障碍。

第二，建议强化中央政府承担户籍制度改革成本的责任，从而激励两级政府推进改革。目前，地方政府缺乏为农民工提供平等的公共服务和开展旨在使外来人口居住身份合法化的户籍制度改革的激励。

根据 Lu 和 Cai（2014）的研究，户籍制度改革可以通过增加劳动力供给、提高资源配置效率和扩大消费来提高潜在增长率，从而同时提高中央政府和地方政府的财政收入。然而，这些改革红利不能完全由地方政府获得，地方政府却几乎承担了所有与改革相关的成本，如将外来人口纳入当地公共服务全覆盖范围的成本。

鉴于户籍制度改革对中国经济和社会发展具有积极的外部性，中央政府对改革承担主要出资责任不仅是打破僵局的关键，也符合政策制定逻辑和制度逻辑。

第三，建议将地方政府的政策目标从促进 GDP 的增长转变为改善社会发展，将重点放在公共财政系统上。在人口老龄化时代，只要中央政府支付初始成本，一个城市无疑可以从吸引新加入的、通常生产力更高的居民中受益。

进一步改革应聚焦于正确界定公共财政的职能和边界，在中央和地方政府之间合理划分财政收入和支出，并赋予各级政府提供公共服务的权得、责任和自主权。通过这种方式，地方政府将有充足的动力提供更好的公共服务，以吸引农民工及其家庭。地方政府公共服务的供给与劳动力迁移和社会流动的关系，可以用 Tiebout（1956）和 McGuire（1974）提出的理论框架来解释。他们对两种行为进行了建模：一方面，地方政府或社区管理机构有意通过改变公共物品供给的类型和数量来吸引或排斥居民；另一方面，潜在的移民根据他们对公共物品的偏好选择居住地。社会流动（既包括水平的，也包括垂直的）显然是这两种行为的效用函数。

参考文献

Barro, R. and Sala-i-Martin, X. (1995), *Economic Growth*, New York: McGraw-Hill.

Baumol, W.J., (1986), Productivity growth, convergence, and welfare: What the long-run data show, *The American Economic Review* 76(5): 1072–85.

Cai, F. (2016), *China's Economic Growth Prospects: From Demographic Dividend to Reform Dividend*, Cheltenham, UK: Edward Elgar.

Cai, F. and Lu, Y. (2013), The end of China's demographic dividend: The perspective of potential GDP growth, in R. Garnaut, F. Cai and L. Song (eds), *China: A New Model for Growth and Development*, 55–74, Canberra: ANU Press. doi.org/10.22459/CNMGD.07.2013.04.

Cai, F., Guo, Z. and Wang, M. (2016), New urbanisation as a driver of China's growth, in L. Song, R. Garnaut, F. Cai and L. Johnston (eds), *China's New Sources of Economic Growth. Volume 1: Reform, Resources, and Climate Change*, 43–64, Canberra: ANU Press. doi.org/10.22459/CNSEG.07.2016.03.

Eichengreen, B., Park, D. and Shin, K. (2011), *When Fast Growing Economies Slow Down: International Evidence and Implications for China*, NBER Working Paper No. 16919, Cambridge, MA: National Bureau of Economic Research. doi.org/10.3386/w16919.

Eichengreen, B., Park, D. and Shin, K. (2013), *Growth Slowdowns Redux: New Evidence on the Middle-Income Trap*, NBER Working Paper No. 18673, Cambridge, MA: National Bureau of Economic Research. doi.org/10.3386/w18673.

Gill, I. and Khara, H. (2007), *An East Asia Renaissance: Ideas for Economic Growth*, Washington, DC: The World Bank Group. doi.org/10.1596/978-0-8213-6747-6.

Goldthorpe, J.H. (2016), Social class mobility in modern Britain: Changing structure, constant process, *Journal of the British Academy* 4: 89–111. doi.org/10.5871/jba/004.089.

Kuznets, S. (1955), Economic growth and income inequality, *American Economic Review* 5: 1–28.

Lu, Y. and Cai, F. (2014), China's shift from the demographic dividend to the reform dividend, in R. Garnaut, F. Cai and L. Song (eds), *Deepening Reform for China's Long-Term Growth and Development*, 27–50, Canberra: ANU Press. doi.org/10.22459/DRCLTGD.07.2014.02.

McGuire, M. (1974), Group segregation and optimal jurisdictions, *Journal of Political Economy* 82(1): 112–32. doi.org/10.1086/260173.

National Bureau of Statistics of China (NBS) (2019), *2018 Migrant Workers Monitoring Survey Report*, Beijing: NBS. Available from: www.stats.gov.cn/tjsj/zxfb/201904/t20190429_1662268.html.

Pritchett, L. and Summers, L.H. (2014), *Asiaphoria Meets Regression to the Mean*, NBER Working Paper No. 20573, Cambridge, MA: National Bureau of Economic Research. doi.org/10.3386/w20573.

Tiebout, C.M.A. (1956), A pure theory of local expenditures, *Journal of Political Economy* 64(5): 416–24. doi.org/10.1086/257839.

Wang, M. (2005), Employment opportunities and wage gaps in the urban labour market, *Social Sciences in China* (5): 36–46.

Wolf, M. (2019), Hypocrisy and confusion distort the debate on social mobility, *The Financial Times*, 3 May.

World Bank (2021), *World Development Indicators*, Washington, DC: The World Bank Group. Available from: datatopics.worldbank.org/world-development-indicators/.

第三章 中国的农产品贸易：全球比较优势的视角

饶思航 刘星铄 盛誉

一 引言

过去 20 多年中，中国农业生产和消费快速增长，粮食需求和供给之间的差距不断扩大，这使得中国成为全球市场上主要的食品进口国之一。1978~2018 年，中国农业产出（以实际增加值衡量）以每年 4.7% 的速度增长，远高于人口增长率（每年 1.0%），有助于稳定国内食品消费价格（Huang & Rozelle，2018；NBS，2019）。然而，此后持续的经济和人口增长推动粮食需求超过粮食供给，从而给原本已受制于土地和水资源供应的国内农业生产带来巨大的压力。为了解决日益增长的国内粮食供求冲突，中国从国际市场进口的农产品一直在增加。

中国农产品进口的增长引起了人们越来越多的担忧：中国对粮食的需求是否会影响未来的全球粮食安全？例如，尽管 2018 年中国食品进口总额占其食品消费的不到 2%，但这已经占到全球可贸易农产品的 8% 以上。这使得中国成为世界上仅次于欧盟的最大农产品进口经济体（WTO，2019）。与此同时，一项预测显示，即使农业全要素生产率（TFP）——一项衡量技术进步的指标——能够以年均 2% 的速度增长，中国的粮食自给率也将从 2020年的 98% 下降到 2035 年的 93%（CAE，2020）。这意味着，中国从国际市场采购的农产品数量将增加一倍以上。如果全球粮食生产和贸易因为自然灾害的爆发、气候变化的影响或国际关系的恶化而面临更多的不确定性，中国的粮食需求将与其他发展中国家的粮食需求相竞争，从而给全球粮食供应带来更大的压力。

然而，如果基于动态比较优势，让全球农业资源得到适度开发，上述担忧可能是多余的。全球适合农业的土地超过 35 亿公顷，却只有约 1.5 亿公顷的土地得到了有效利用（FAO，2020）。大部分闲置耕地位于亚马逊河流域地区以及东欧和非洲的主要农业国家，它们的单位土地面积产量均低于世界平均水平。如果中国和世界其他地区的贸易和投资关系能够根据其相对竞争力重新安排，那么全球粮食供应将得到大幅度的增加。例如，近年来中国和非洲国家之间农产品贸易的增加为双方增加农业生产投资和促进先进农业技术的应用提供了经济激励（Sheng et al.，2020）。从这个意义上来说，重新安排中国与贸易伙伴国之间的农产品贸易，可以让中国和世界其他国家实现双赢。

为了证明这一点，本章利用按照商品分类的全球农业贸易数据（从 FAOSTAT 数据库获得）系统地分析了 1978～2018 年中国与世界其他地区的农产品贸易及其潜在决定因素。我们首先研究了中国农产品贸易的模式和特点，然后对主要农产品的显示性比较优势（RCA）和相对贸易优势（RTA）两个指数进行估计，主要农产品包括 10 种作物和 7 种畜产品。其次，我们比较和分析了中国与世界其他地区在每一类商品上的互补性，以期梳理出潜在的农产品贸易模式。最后，我们讨论了如何重新安排中国与世界其他地区之间的农产品贸易，以便根据各国的比较优势和竞争力更好地利用全球资源。

结果表明，中国与世界其他地区之间现有的农产品贸易模式并不能充分反映这些地区的动态比较优势。特别是与世界其他地区相比，北美在农产品方面的相对优势一直在下降，尽管其农产品目前仍占中国进口的很大比例，但中美贸易摩擦加剧限制了双边农产品贸易潜力的发挥。随着国内需求的进一步增长，预计中国将转向发展中经济体（即东欧、南美和非洲的经济体），实现农产品进口渠道的多样化。这些地区在不同农产品方面具有不同的优势，这可能使得它们在不久的将来成为中国替代性的和可靠的农产品贸易伙伴。

本章的其余部分内容如下。第二节讨论了中国 40 多年来的农产品贸易

的模式和特点。第三节提供了对 RCA 指数、RTA 指数和双边贸易互补性
（OBC）指数的测度。第四节分析了过去 40 多年来中国主要农产品与世界其
他地区相比的动态比较优势和竞争优势。第五节考察了中国农产品与世界主
要农业国家的农产品之间的商品互补性，从而确定了几个潜在的未来贸易伙
伴。第六节是结论。

二 中国的农产品贸易：1978~2018 年

中国的农产品贸易模式

1978 年中国的农产品贸易额开始增长，并长期以来作为平衡国内农业
生产和消费的重要手段。图 3.1 描述了过去 40 多年中国农产品进出口总额
和按当前价格计算的贸易额变化。1978~2018 年，中国农产品贸易额从
54.5 亿美元增长到 1794 亿美元，年均增长率为 9.1%，约为同期农业产值
增长率（5.3%）的两倍（Huang & Rozelle，2018）。其中，农产品进口额从
1978 年的 31 亿美元增长到 2018 年的 1233 亿美元，年均增长率为 9.6%，超
过同期农产品出口额（年均增长 8.2%，农产品出口额从 1978 年的 24 亿美
元增长到 2018 年的 561 亿美元）。

农产品进口的增速快于出口，尤其是在近几年，这表明中国越来越依
赖国际市场来养活自己的人口。尽管 1984~2002 年中国农产品贸易保持
顺差，但从 2003 年开始，农产品贸易出现逆差，并在 20 年中一直增长。
到 2018 年，中国农产品贸易逆差达到 672 亿美元，是 2003 年（15 亿美
元）的约 45 倍。除了人口和经济快速增长导致的净粮食需求增长以外，
贸易开放政策和中国加入世界贸易组织（WTO）后相对比较优势的下降，
也被认为是农产品贸易逆差增长的重要驱动因素（Huang & Rozelle，
2018）。

农产品净出口的快速增长也导致了中国在全球农产品贸易中的地位提
高。图 3.2 显示了 1978~2018 年中国在全球农产品进出口总额中所占比
重的变化趋势。1978~2000 年，中国所占的比重有所增加，但有一定的波
动，平均进口占比与出口占比基本保持一致。然而从 2000 年起，中国在
全球农产品进口中所占的比重从 2% 急剧增长到 8%，随后趋于稳定。这

与中国在全球出口总额中所占比重小幅增长形成了对比（从3%增长到4%左右）。到2018年，中国已成为世界第二大农产品进口国（WTO，2019）。

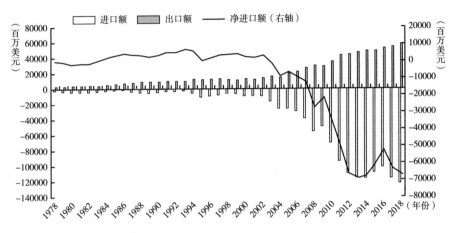

图3.1 1978~2018年中国的农产品贸易

数据来源：联合国粮农组织统计数据库。

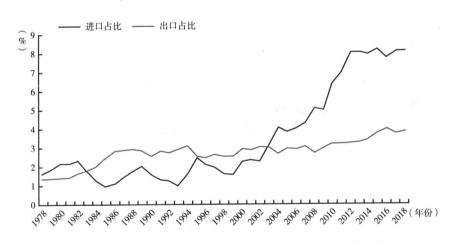

图3.2 1978~2018年中国在全球农产品进出口总额中的占比

数据来源：联合国粮农组织统计数据库。

不断增加的农产品贸易逆差促使中国加大了对国内农业生产的支持力度，并制定贸易保护政策。2009年以来，中国的生产者支持估计量（PSE）和名义保护系数（NPC）的平均水平一直在上升，这与入世之前的早期趋

势以及许多发达国家和发展中国家的趋势相反。近 10 年来，无论是 OECD
国家还是非 OECD 国家，都大幅降低了生产者支持力度和农业保护水平，
并逐步将政策转向促进市场化和提高农产品的竞争力。如图 3.3a 和图
3.3b 所示，OECD 国家的生产者支持估计量与农业产值的比率有所下
降——这主要可归因于这些政府调整国内生产结构和提高贸易竞争力的努
力。中国国内对农业生产和农产品贸易的支持增加，在某种程度上是为了
平衡国内资源的配置，支持农村的发展，但可能对提高农业比较优势和提
升农业国竞争力产生负面影响。

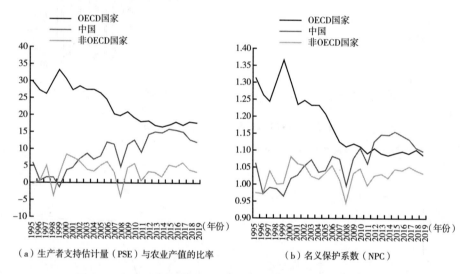

**图 3.3　中国、OECD 国家和非 OECD 国家的农业生产者支持
与农产品贸易保护情况（1995~2019 年）**

数据来源：OECD 生产者支持估计量数据库。

总之，1978~2018 年，中国农产品的净进口一直在快速增长，以弥补国
内农业生产的不足。除了人口和经济快速增长导致的粮食需求增加以外，农
业生产的比较优势和竞争力变化以及贸易保护的加强也可能是中国农产品贸
易逆差的重要驱动因素。

按商品和区域分的农产品贸易模式变化

除了总量层面的特征，中国的农产品贸易在商品和区域层面也表现出一
些明显的特征。我们试图从两个方面对其加以总结。

第一，农产品贸易的商品结构在过去 40 多年来发生了重大的变化。图 3.4 描述了 1978～2018 年中国农产品贸易商品结构的变化。很明显，中国农产品贸易的增长集中在几种商品上。就农作物而言，增长主要是由于水果和蔬菜出口的增加，而作物进口的快速增长主要是由于油料作物进口规模的扩大，包括油籽和大豆。对于畜产品，自 2000 年以来，中国禽肉的出口一直在快速增长，但中国在乳制品和其他肉类如牛羊肉等方面，已更加依赖国际市场。

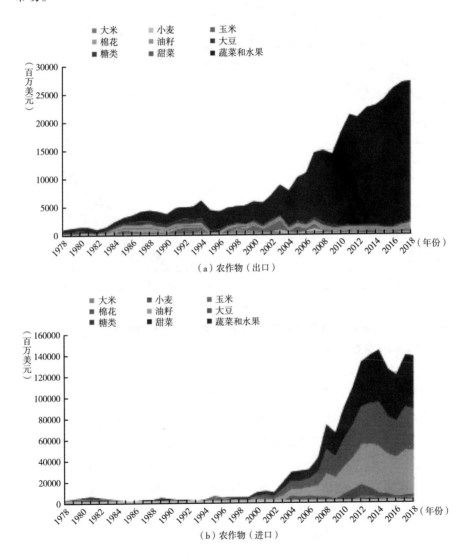

（a）农作物（出口）

（b）农作物（进口）

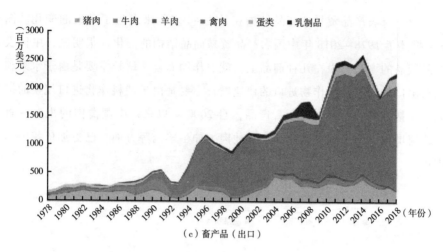

（c）畜产品（出口）

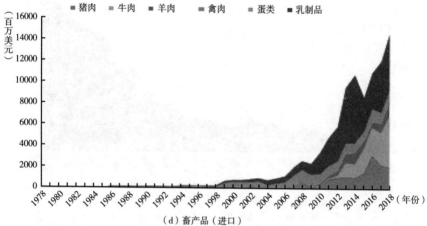

（d）畜产品（进口）

图 3.4　中国农产品贸易结构的变化（1978~2018 年）

数据来源：联合国粮农组织统计数据库。

　　然而通过对商品层面的贸易数据仔细观察可以发现，近年来中国几乎所有的农产品贸易都出现逆差——即使是蔬菜和水果等出口增长强劲的商品也是如此。图 3.5 显示了中国主要农作物和畜产品进出口的数据。一方面，在21 世纪之前，中国是几种农作物的净出口国，但在过去 20 多年中，中国部分农产品的国际竞争力下降，并越来越依赖国际市场。另一方面，在改革开放的前 30 年里，中国畜产品几乎完全自给自足，而在 2008~2018 年，中国对进口畜产品的依赖程度却不断增加。随着人口和经济的进一步增长，可以预见的是，中国对猪肉、牛羊肉和乳制品的需求将在未来持续增长。截至

2018 年，除甜菜、禽肉和蛋类外的主要农产品均出现贸易逆差，预计这一趋势将持续下去。进口的快速增长不仅反映了国内生产和需求之间不断扩大的差距，还表明中国农业生产的比较优势在逐渐减弱。

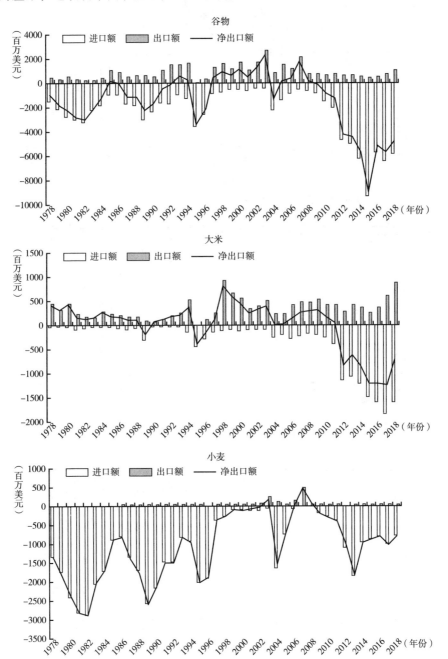

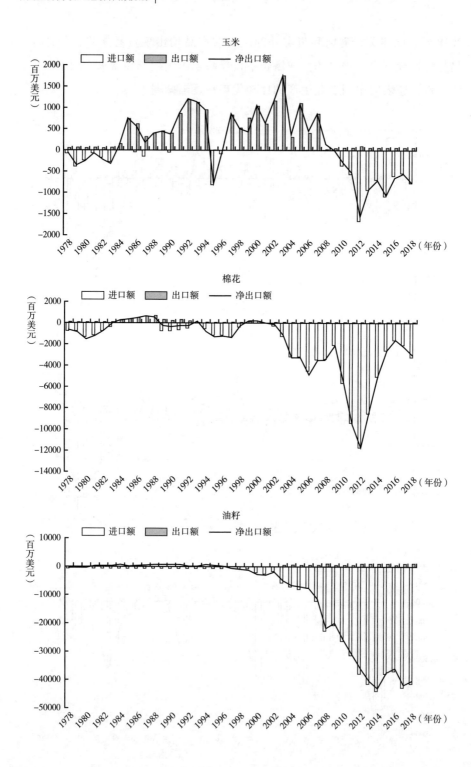

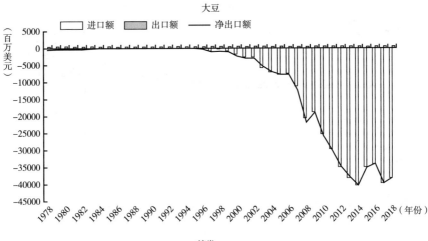

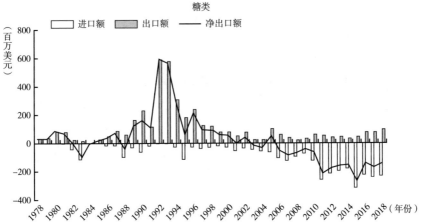

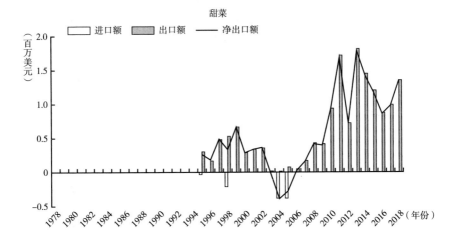

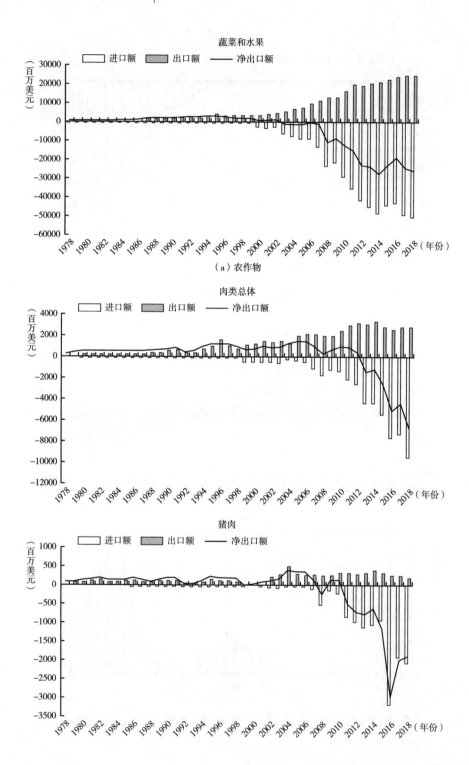

（a）农作物

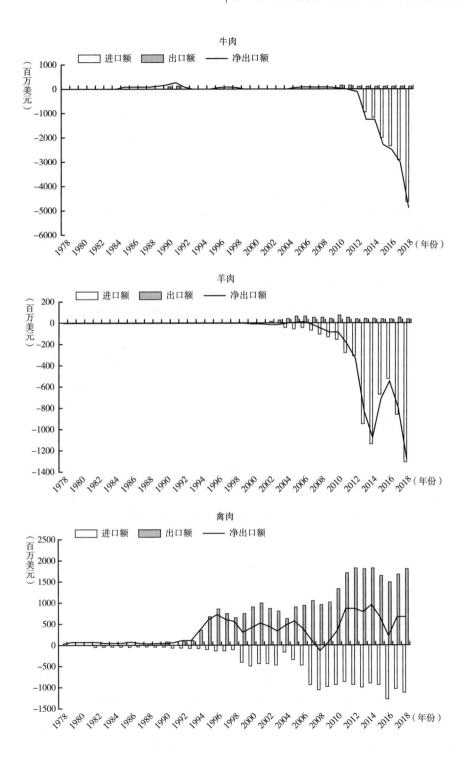

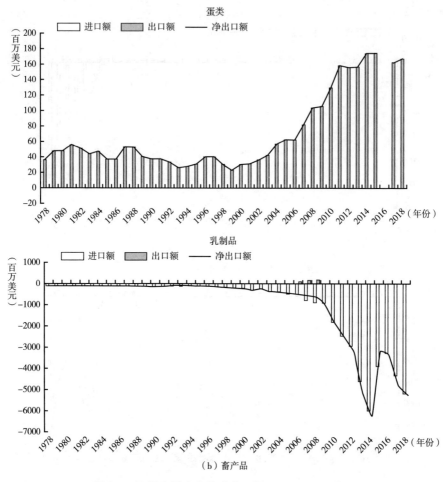

图 3.5　中国主要农产品进出口额（1978~2018 年）

数据来源：联合国粮农组织统计数据库。

第二，近年来中国农产品贸易对象的区域分布开始多样化，但仍然不平衡（见图 3.6）。中国的农产品出口对象曾经集中在亚洲，但近年来对其他地区的出口持续增加。例如，2018 年，中国 60% 以上的农产品出口集中在亚洲，尤其是日本和韩国；中国对除美国以外非亚洲的国家的出口虽然相对较少，但自 2010 年以来呈增长趋势。相比之下，中国的农产品进口曾经主要来自发达国家，而近年来进口来源表现出向土地资源丰富的发展中国家倾斜的趋势。例如，以前中国超过一半的农产品进口来自发达国家，包括美国、加拿大、澳大利亚和新西兰等，但近年来，巴西已经成为中国农产品进口的最大来源国。图 3.7 按地区（包括澳大利亚、美国、巴西、乌拉圭和阿根廷等）展示了中国大豆和牛肉进口量。鉴于中国对土地密集型农产品的需求日益增长，未来中国将越来越倾向于从土地资源丰富的发展中国家进口农产品。

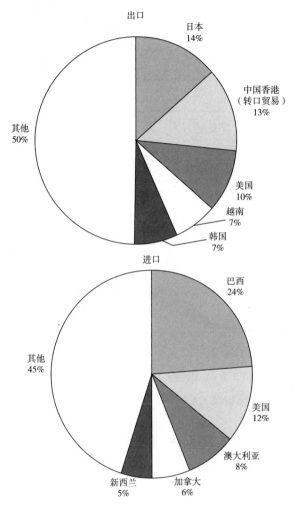

图 3.6 中国农产品出口和进口的区域分布（2018 年）

资料来源：中华人民共和国商务部。

总而言之，中国 1998~2018 年大幅增加了农产品进口，部分原因是资源禀赋有限、生产成本增加以及国内需求的快速增长。在可预见的未来，随着人均收入水平的持续增长，这种趋势将持续下去。为了满足中国日益增长的需求，同时确保全球粮食安全，重要的是要知道中国将进口什么，以及这些

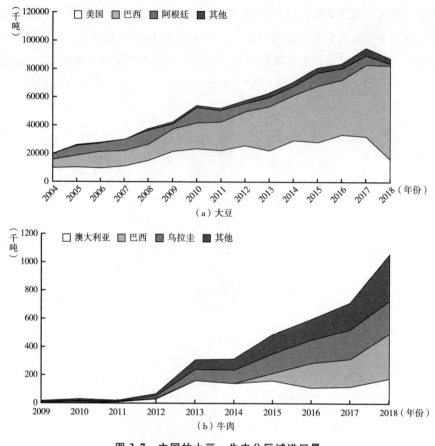

图 3.7　中国的大豆、牛肉分区域进口量

资料来源：中华人民共和国商务部。

增加的进口应该来自哪里。因此需要深入分析中国各种（将决定全球贸易的）主要农产品与世界其他地区相比的生产和贸易比较优势和竞争优势。

三　方法论

根据国际贸易理论，比较优势是全世界农产品贸易模式的根本决定因素。作为世界上最大的农产品生产国和消费国之一，随着全球农业生产和消费的变化，中国应重新安排农产品贸易，以反映其与世界其他国家的比较优势。为了预测中国未来的农产品贸易，必须使用标准方法来衡量和分析中国主要农产品的比较优势和国际竞争力的变化。

RCA 指数和 RTA 指数

在文献中，衡量一国贸易竞争力最常用的指标是贸易竞争力指数、世界市场份额（WMS）、RCA 指数和 RTA 指数。尽管不同的指数具有不同的优势，但在衡量商品层面的比较优势和竞争优势时，它们的结果通常是一致的。基于数据的可得性和数据时间跨度，我们选择在本研究中使用 RCA 指数和 RTA 指数。

以往的大多数研究都侧重于单一农产品或农产品总体的竞争力，而忽略了基于主要农业国之间的产品的竞争力比较分析。在这项研究中，我们建议使用 RCA 指数和 RTA 指数来衡量和比较中国及其主要贸易伙伴的 17 种主要农产品不断变化的比较优势和竞争优势。其中 20 组数据的详细信息可见附表 3.1。

标准的 RCA 指数是公式 3.1 的形式，表 3.1 给出了 RCA 指数与贸易比较优势水平之间的对应关系。

$$RCA_{ij} = \frac{X_{ij}/X_{it}}{X_{jw}/X_{wt}} \qquad 公式\ 3.1$$

在公式 3.1 中，X_{ij} 是第 i 国第 j 种农产品的出口额，X_{it} 是第 i 国农产品的出口总额，X_{jw} 是世界贸易中第 j 种农产品的出口额，X_{wt} 是全球农产品出口总额。

表 3.1　RCA 指数和对应的贸易比较优势水平

RCA 指数	贸易比较优势水平
RCA>2.5	极强
1.25≤RCA≤2.5	较强
0.8≤RCA<1.25	中等
RCA<0.8	较弱

虽然 RCA 指数可以基于出口很好地衡量一个国家的比较优势，但还需考虑一国的进口需求的结构。为了解决这个问题，本章还引入了 RTA 指数。与 RCA 指数不同，RTA 指数充分体现了基于所有资源使用情况的比较优势。在实践中，标准的 RTA 指数定义如公式 3.2 所示。

$$RTA_{ij} = \frac{X_{ij}/X_{io}}{X_{wj}/X_{wo}} - \frac{M_{ij}/M_{io}}{M_{wj}/M_{wo}} \qquad 公式\ 3.2$$

在公式 3.2 中，X_{ij}（M_{ij}）是第 i 国第 j 种农产品的出口（进口）额，X_{io}（M_{io}）是第 i 国农产品的总出口（进口）额，X_{wj}（M_{wj}）是世界贸易中第 j 种农产品的出口（进口）额，X_{wo}（M_{wo}）是全球农产品出口（进口）总额。正的 RTA 指数表明第 i 国第 j 种农产品相比其他国家具有比较优势，而负的 RTA 指数表明第 i 国第 j 种农产品相比其他国家不具有比较优势。

总体双边贸易互补性指数

对过去 40 多年中国农产品贸易的比较优势进行分析，可以发现中国将进口哪些产品。然而，它并不能告诉我们新增的贸易将从何而来。特别是如果当前的贸易伙伴不能完全满足中国不断增长的需求，那么很重要的是要知道，能否有其他贸易伙伴来填补这一缺口。

理论上，两个国家（或地区）在某种产品贸易中的关系和合作潜力可以通过构建双边贸易指数来衡量。最常用的度量指标之一就是总体双边贸易互补性（OBC）指数，主要用于分析两国（或地区）在某一商品贸易中的竞争或互补关系。OBC 指数的定义式如公式 3.3 所示。

$$OBC_{ij}^p = -\frac{Cov(RTA_{ip}, RTA_{jp})}{\sqrt{Var(RTA_{ip}) \times Var(RTA_{jp})}} \qquad 公式 3.3$$

在公式 3.3 中，RTA_{ip} 和 RTA_{jp} 分别代表第 i 个和第 j 个国家（或地区）产品 p 的 RTA 指数。正的 OBC 指数表明，两个国家（或地区）i 和 j 的产品 p 的 RTA 指数之间的协方差为负，从而说明这两个国家（或地区）在产品 p 的贸易中是互补的，一个国家（或地区）具有比较优势，而另一个国家（或地区）具有比较劣势。另外，负的 OBC 指数意味着 RTA 指数的协方差为正，表明两个国家（或地区）处于竞争态势，在产品 p 的国际贸易中都具有比较优势。应当指出的是，如果一个国家（或地区）的比较劣势正在减弱，而另一个国家（或地区）正在失去其比较优势，尽管两个国家（或地区）的 RTA 指数符号不相同（即前者为负，后者为正），但这两个国家（或地区）的比较优势趋势相同，即 RTA 指数的协方差为正。在这种情况下，尽管 OBC 指数是负的，但这两个国家（或地区）并不处于竞争状态，因为其中一个国家（或地区）不具有比较优势，而另一个正在失去其竞争力。

与 RCA 指数和 RTA 指数仅仅计算某一时点的贸易优势不同，OBC 指数反映了两个国家（或地区）在一段时间内的贸易条件。尽管比较优势在一定时期内的变化可以用 RCA 指数和 RTA 指数及其变化来表示，但 OBC 指数可以更好、更直观地反映两国（或地区）之间的双边贸易关系和合作潜力。

估计策略

基于以上提出的方法，我们的评估过程包括三个步骤。第一，我们使用 RCA 指数和 RTA 指数来衡量过去 40 多年来中国农作物和畜产品在总体上和按商品分的比较优势和竞争优势的变化。第二，在计算 1998～2018 年的 RTA 指数和 RCA 指数之前，我们确定了世界上各种农产品的主要生产者，使用的标准是其在全球产量中的占比应超过 1%。通过将中国的 RTA 指数和 RCA 指数与所选国家的指数进行比较，我们确定了中国在国际贸易中的比较优势。第三，为了确定中国潜在的贸易伙伴，我们选择了在不同农产品上具有比较优势的几个国家和地区，并使用 OBC 指数来检验它们与中国的互补性。

四 中国农产品贸易的比较优势和竞争优势及其随时间的变化

中国农产品贸易比较优势和竞争优势的变化

利用 1978～2018 年中国主要农作物和畜产品的进出口数据，我们计算了 17 种农产品的 RCA 指数和 RTA 指数，并分析了每种商品的比较优势和竞争优势及其变化。图 3.8 和图 3.9 分别显示了总体和按商品分的农作物和畜产品的 RCA 指数和 RTA 指数。

在改革开放初期，中国在生产主要农作物方面具有比较优势，但 2003 年以后，这一优势逐渐减弱。如图 3.8（a）所示，在 1991 年之前的一段时间内，大米、玉米和棉花的 RCA 指数曾高于 2.5，这表明中国在这三种作物的生产上具有明显的比较优势。对于其他农作物，如油籽、大豆、糖类、甜菜、蔬菜和水果，RCA 指数平均也高于 1.25，这意味着它们具有一定的比较优势。然而 2009 年以来，中国主要农作物的比较优势逐渐下降。如图 3.8（a）所示，10 种商品中有 9 种（蔬菜和水果除外）的 RCA 指数显著低于 0.8，这表明大多数农作物，特别是土地密集型农作物的比较优势正在消失。

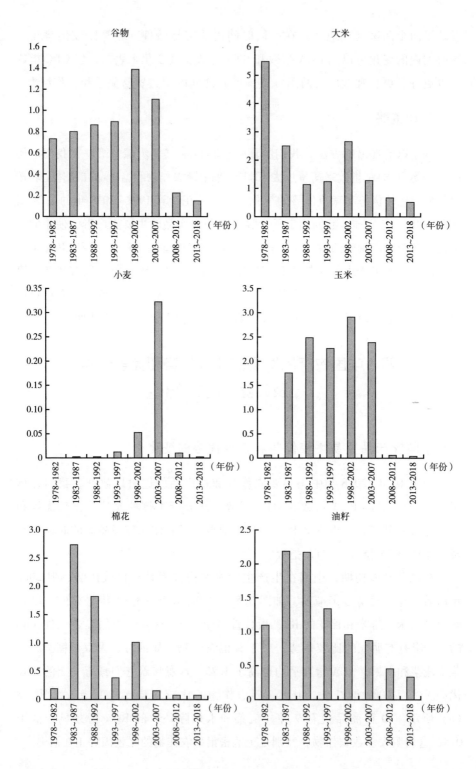

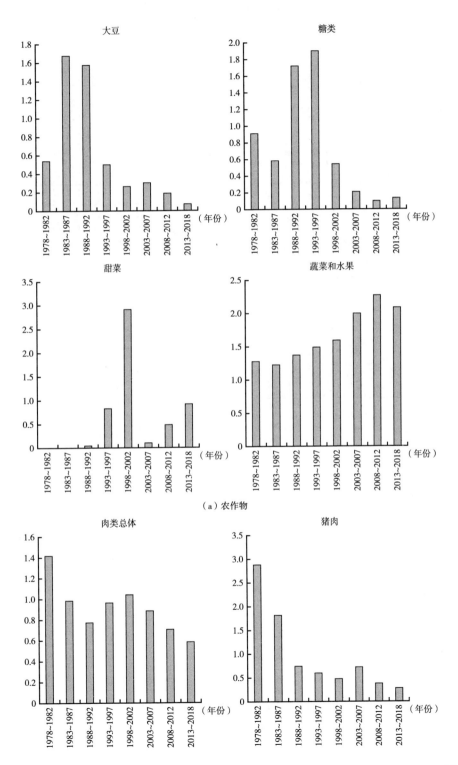

（a）农作物

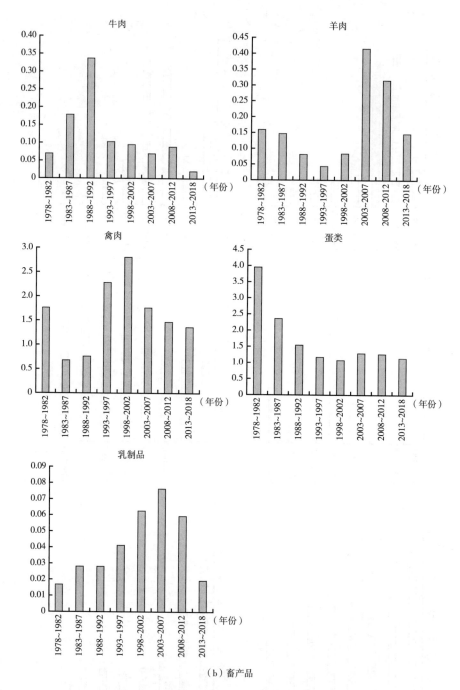

（b）畜产品

图 3.8 中国主要农产品的 RCA 指数（1978~2018 年）

数据来源：根据联合国粮农组织统计数据库数据计算。

　　畜产品方面也有类似的趋势变化。如图3.8（b）所示，中国曾在猪肉和蛋类生产方面具有强大的比较优势（RCA指数一度超过2.5），在禽肉方面具有较强的比较优势，RCA指数在1.25~2.5，但在羊肉和乳制品方面没有比较优势（RCA指数低于1）。然而，2008~2018年，中国大多数畜产品的比较优势一直在下降。除了RCA指数仍高于1的禽肉和蛋类以外，其他畜产品的RCA指数显著低于1。

　　图3.9进一步显示了RTA指数体现的1978~2018年中国主要农产品竞争优势的变化趋势。与比较优势分析一致，可以发现中国过去在除了小麦、棉花和乳制品以外的几乎所有农产品的贸易中都具有竞争优势。然而，随着时间的推移，主要农产品的竞争优势逐渐下降。2008~2018年，中国在甜菜、蔬菜和水果、禽肉和蛋类的贸易中只有微弱的竞争优势，这些农产品的生产已经迅速规模化和工业化。

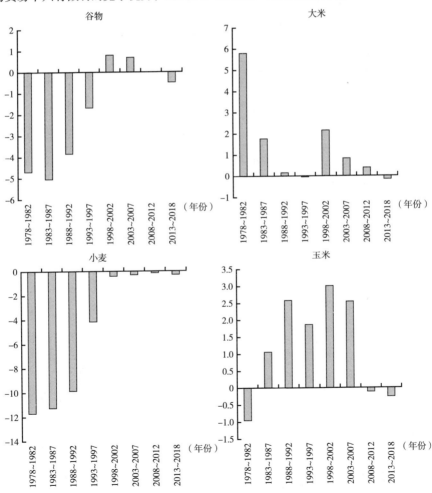

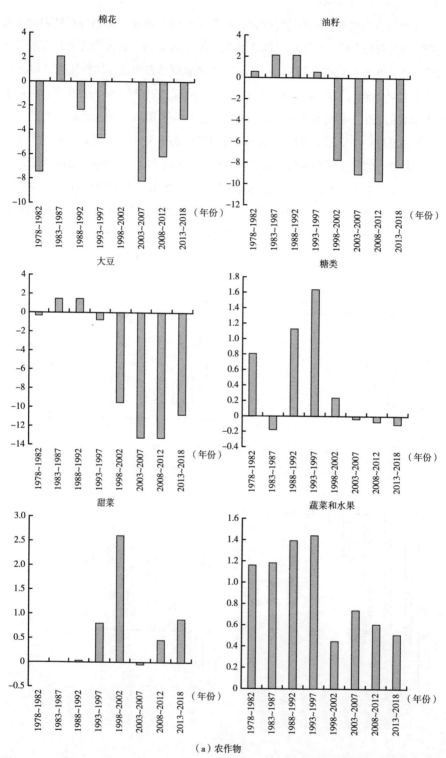

（a）农作物

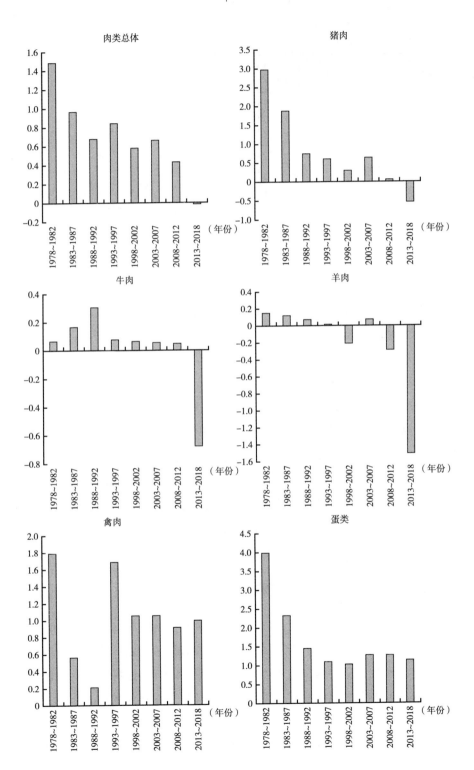

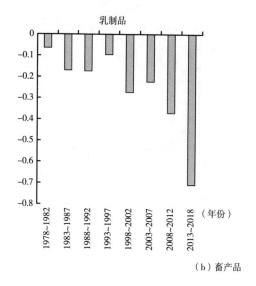

（b）畜产品

图 3.9　中国主要农产品的 RTA 指数（1978~2018 年）

数据来源：根据联合国粮农组织统计数据库数据计算。

　　总而言之，早在 20 世纪八九十年代，中国在许多农作物和畜产品方面具有比较优势和竞争优势。然而，随着时间的推移，在全球市场上，中国大多数农产品的比较优势和竞争优势逐渐下降。目前，除了甜菜、蔬菜和水果、禽肉和蛋类以外，对于大多数农产品（尤其是土地和资源密集型产品，如谷物和油籽），中国相比世界上其他地区几乎没有比较优势和竞争优势。这在某种程度上反映了这样一个事实：国内农业产出的增长，由于生产效率提高有限或资源供应受到限制，未能满足人口和经济快速增长导致的国内需求增长。因此，这些农产品的进口部分被用于填补生产和消费之间的缺口。

各国主要农产品比较优势和竞争优势的比较分析

　　世界上其他地区主要农产品的比较优势和竞争优势是如何变化的呢？随着时间的推移，它们也会不断下降吗？为了回答这一问题，我们进一步计算主要农作物和畜产品在其主要产地的 RCA 指数和 RTA 指数。这一计算的目的是了解哪些国家或地区具有向国际市场供应特定农产品的潜力。

谷物

　　尽管在过去 40 多年中，中国的小麦生产从未具备比较优势或竞争优势，但大米和玉米在 2008~2018 年逐渐丧失比较优势和竞争优势之前，曾经拥有过比较优势和竞争优势。为了了解世界市场如何随着时间的推移而变化，我们衡量了世界主要谷物生产国的比较优势和竞争优势。图 3.10 显示了 1998~2018 年各种谷物主要生产国的 RCA 指数和 RTA 指数随时间的变化趋势及与中国的比较。

与其他主要生产国相比，中国大米的 RCA 指数和 RTA 指数处于较低水平，近年来一直在下降，表明中国大米生产正在失去其比较优势和竞争优势。由于国内对大米的需求已经减少，并转向高附加值的产品，比较优势的这种变化更有可能是由生产侧的因素造成的。有两个可能的原因：一是由于小农户在该领域占主导地位，近年来劳动力和土地成本上升，生产成本增加；二是大米加工行业缺乏技术创新，中国国内大型加工企业很少，事实上，95%的加工企业是中小型企业，它们受到进口邻国廉价大米的影响。与中国不断变化的趋势相反，南亚和东南亚的一些发展中国家，包括缅甸、柬埔寨、泰国、越南、印度和巴基斯坦，大米生产的比较优势和竞争优势正在上升或保持在相对较高的水平。这些国家的气候大多是热带或亚热带季风气候，适合密集种植水稻，经济发展缓慢，廉价劳动力供应充足。将中国的 RCA 指数和 RTA 指数与大米生产国家/地区进行比较可以发现，南亚和东南亚——特别是柬埔寨和巴基斯坦——在不久的将来可能具有向国际市场提供更多大米的巨大潜力。

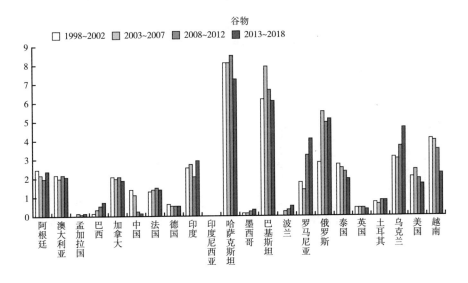

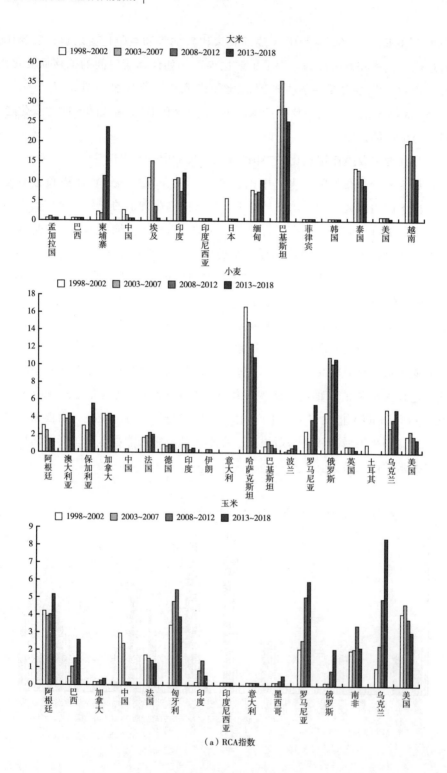

（a）RCA指数

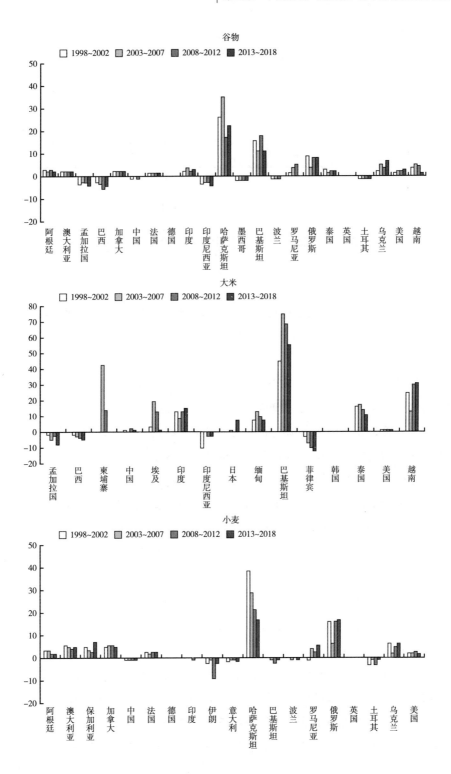

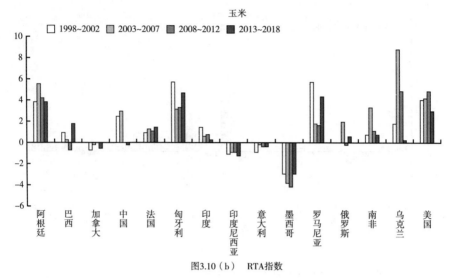

图3.10（b） RTA指数

图 3.10　中国和其他主要谷物生产国的 RCA 指数和 RTA 指数（1998~2018 年）

数据来源：根据联合国粮农组织统计数据库数据计算。

　　尽管中国的小麦产量正在逐步增加，但与世界其他地区相比，中国的小麦仍然处于竞争劣势地位。1998~2018 年，中国小麦净进口量保持在较高的水平。尽管近几年国际市场上的小麦价格由于供应量的增加而下降，但由于生产成本的增加，中国国内的小麦价格继续上涨。这使中国在国际小麦市场上的比较劣势和竞争劣势加深了。

　　除了中国以外，目前中亚、北美、东欧和澳大利亚是世界四大小麦生产/出口地。在这些地区中，哈萨克斯坦和俄罗斯的 RCA 指数和 RTA 指数显著高于其他主要生产国和地区。随着生产力的提高和闲置土地开发的潜力增大，这些国家和地区小麦生产的比较优势和竞争优势将继续增强，预计它们将向国际市场提供更多的小麦。

　　作为最重要的饲料作物之一，玉米已经超过水稻成为中国消费最多的谷物，但近年来比较优势有所减弱。随着国内需求的增加以及比较优势和竞争优势的下降，由于畜牧业的快速扩张以及玉米饲料的使用，预计中国在不久的将来会增加玉米的进口。根据我们对 RCA 指数和 RTA 指数的估计，非洲南部、北美、南美和东欧地区目前在玉米生产方面具有强大的市场竞争力，而南美和东欧近年来的竞争优势显著增强。特别是乌克兰、罗马尼亚、巴西和阿根廷，在玉米贸易方面具有相对较大的优势，出口在 1998~2018 年一直处于上升的态势。因此，这些国家和地区未来应该有很大的潜力增加对国际市场的玉米供应。

经济作物

与谷物相比，经济作物具有相对较高的市场价值，因为它们具有更广泛的工业用途。从 1980 年代初期开始，市场化改革逐渐改变了中国农村农业生产的经营结构，经济作物在农作物总产量中的占比显著提高。然而，与谷物类似，中国的许多经济作物正在失去其在国际市场上的比较优势和竞争优势。

图 3.11 显示，1998~2018 年，与世界其他地区的主要生产国家和地区相比，中国 6 种经济作物的 RCA 指数和 RTA 指数的变化。

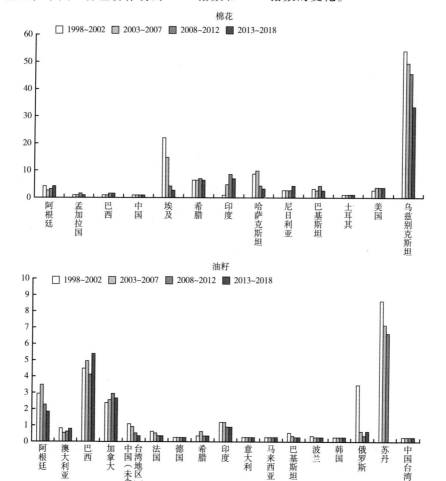

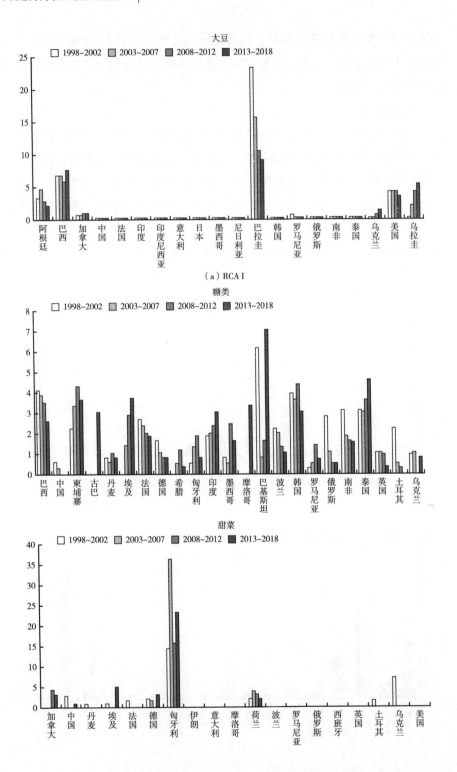

（a）RCA I

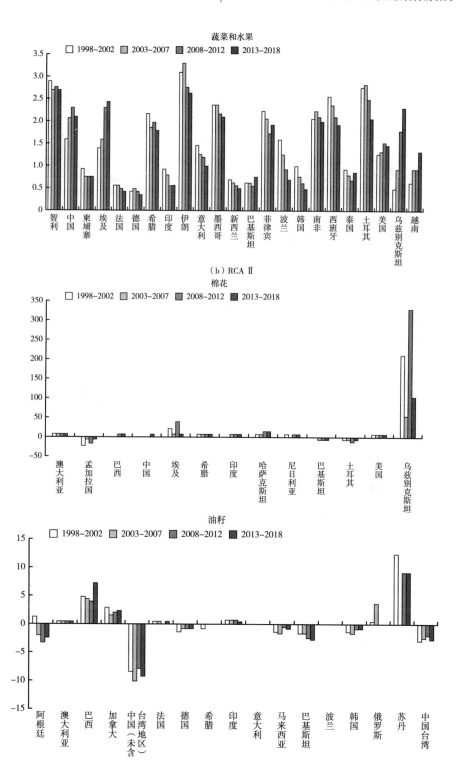

（b）RCA Ⅱ

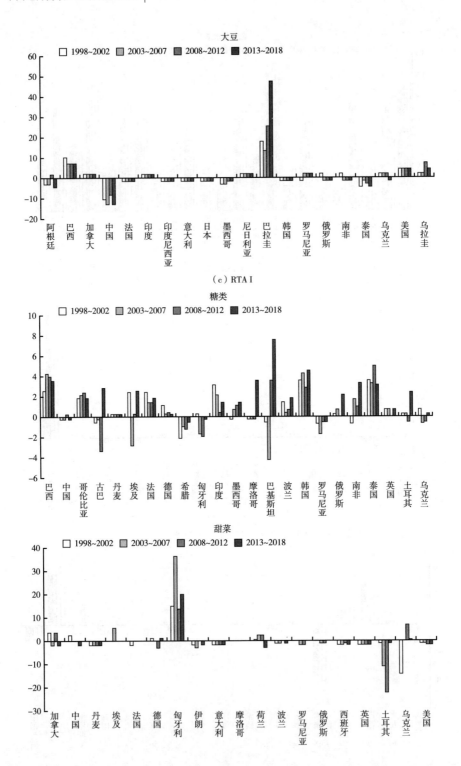

（c）RTA I

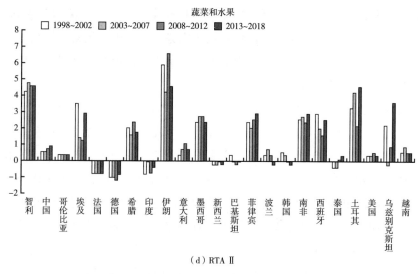

（d）RTA Ⅱ

图 3.11　中国和其他经济作物主产国家和地区 RCA 指数和 RTA 指数

数据来源：根据联合国粮农组织统计数据库数据计算。

　　尽管中国曾经是世界上最大的棉花生产国之一，但与其他主产国和地区相比，中国在近几十年中失去了比较优势。在 20 世纪八九十年代，随着国内纺织业的发展，中国对棉花的需求增加，这为农民生产棉花提供了强有力的激励。然而，这一趋势在 2000 年以后发生了变化。我们对 RCA 指数和 RTA 指数的测算表明，中国过去在棉花生产方面具有比较优势，但已经逐渐转向增加进口。作为中国的潜在供应商，乌兹别克斯坦具有更大的比较优势，而哈萨克斯坦、印度和埃及也是重要的棉花生产国。随着"一带一路"倡议的发展，中国与这些国家未来在棉花贸易方面的合作潜力巨大。①

　　油籽和大豆不仅是重要的油料作物，而且可以加工制成饲料。这两种作物在中国的产量远远低于不断增长的国内需求，导致严重依赖国际市场。近年来，中国大豆产量持续下降，超过 80% 的国内需求由国际市场（主要是从北美进口）来满足。在全世界范围内，南美和北美仍然主导着这两种作

---

　　① 值得注意的是，尽管中国的棉花市场一直面临供应短缺，但近年来棉花进口大幅下降。这部分是因为近年来，国内纺织业因劳动力和材料成本的增加而转向东南亚国家。如果这种趋势持续下去，中国未来棉花的进口依存度将下降。

物的生产和供应。尤其是巴西、阿根廷、巴拉圭、乌拉圭、美国和加拿大，在国际市场上具有显著的比较优势和竞争优势。由于中美贸易摩擦增加了未来经济合作的不确定性，因此人们更加关注南美进口市场的多样化，以发展更稳定可靠的油料作物来源。

与其他主产国和地区相比，中国的糖类作物生产从未具有比较优势。尤其是近年来，由于生产成本上升和国际价格下降，中国糖类作物的种植面积持续下降。相比之下，许多发展中国家——包括巴基斯坦、埃及、泰国和古巴在内——在2008~2018年发展了其在糖类作物生产方面的相对优势。鉴于它们在国际市场上的价格优势，这些国家的糖类作物出口将持续增加。

蔬菜和水果是中国为数不多的仍具有一定比较优势的农产品，尽管它们的贸易在2008~2018年一直处于逆差的状态。在过去40多年中，由于人均收入的增加，蔬菜和水果已经成为国民饮食中不可或缺的产品。与此同时，中国蔬菜和水果的总产量和人均产量一直在快速增长，进出口总额也在扩张。蔬菜和水果的生产均匀分布在世界各地，而由于气候和环境的差异，各地蔬菜和水果的品种差异是这些产品国际贸易活跃的重要因素。随着国内消费的增长和国民营养和健康意识的增强，中国对蔬菜和水果的需求将不可避免地继续扩大，这就意味着进口也将继续增加和多元化。

畜产品

图3.12描述了1998~2018年中国和世界主要生产国家和地区畜产品比较优势和竞争优势的变化。在总体水平上，1998~2018年中国畜产品的比较优势和竞争优势有所下降，但在禽肉和蛋类等一些产品方面保持着比较优势。

猪肉是中国最重要的畜产品，约占肉类消费总量的60%，但近年来，与其他生产国相比，中国的猪肉生产已成为一个弱势行业。尽管国内猪肉总产量和人均产量一直在增长，但由于国内消费的增加以及养殖成本和食品安全等影响因素，国内生产和需求之间的差距仍然在扩大，因此2010年后中国猪肉进口量有所增加。在世界其他地区，猪肉生产主要集中在美洲，包括巴西、智利、墨西哥、美国和加拿大，以及欧洲的丹麦、德国、荷兰、波兰和西班牙。其中，南美国家的比较优势和竞争优势迅速增加，西欧和东欧传统上在这一领域具有相对较高的比较优势和竞争优势。

与猪肉类似，中国的牛羊肉生产与世界其他地区相比没有比较优势或竞

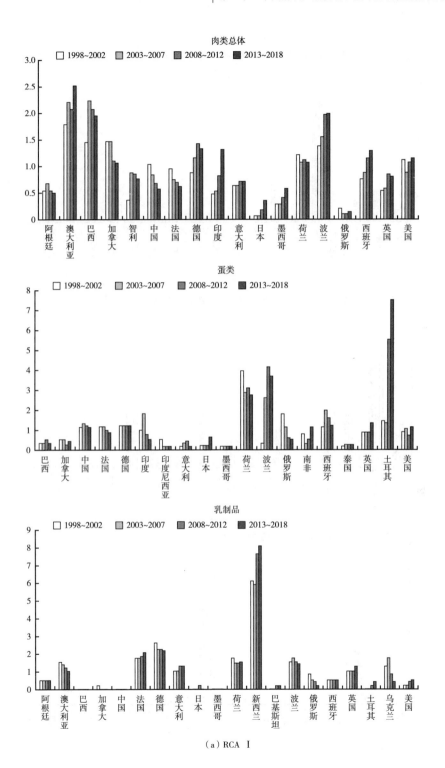

（a）RCA Ⅰ

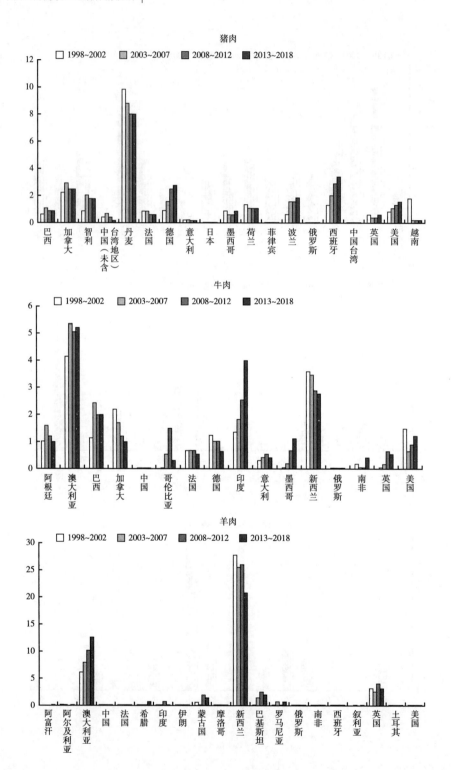

禽肉

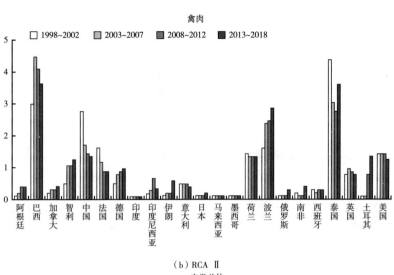

（b）RCA Ⅱ

肉类总体

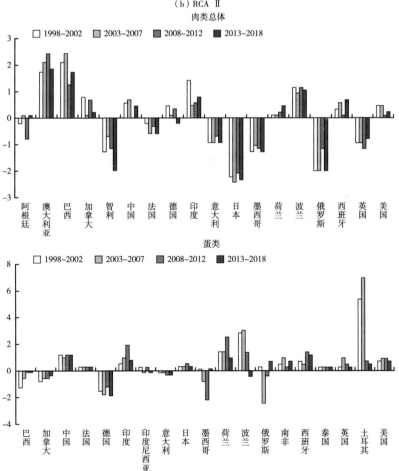

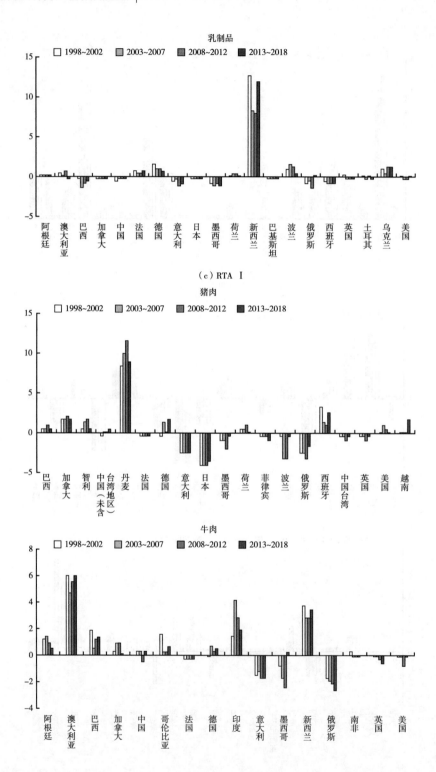

乳制品

□ 1998~2002　　▨ 2003~2007　　▨ 2008~2012　　■ 2013~2018

阿根廷　澳大利亚　巴西　加拿大　中国　法国　德国　意大利　日本　墨西哥　荷兰　新西兰　巴基斯坦　波兰　俄罗斯　西班牙　英国　土耳其　乌克兰　美国

（c）RTA Ⅰ

猪肉

□ 1998~2002　　▨ 2003~2007　　▨ 2008~2012　　■ 2013~2018

巴西　加拿大　智利　中国（台湾地区未含）　丹麦　法国　德国　意大利　日本　墨西哥　荷兰　菲律宾　波兰　俄罗斯　西班牙　中国台湾　英国　美国　越南

牛肉

□ 1998~2002　　▨ 2003~2007　　▨ 2008~2012　　■ 2013~2018

阿根廷　澳大利亚　巴西　加拿大　中国　哥伦比亚　法国　德国　印度　意大利　墨西哥　新西兰　俄罗斯　南非　英国　美国

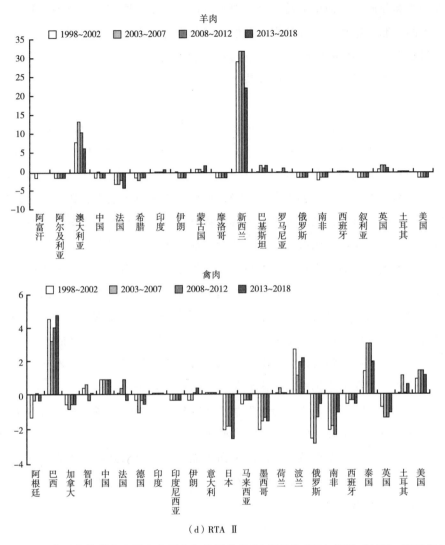

（d）RTA Ⅱ

图 3.12　中国和其他畜产品主产国家和地区的 RCA 指数和 RTA 指数（1998~2018 年）

数据来源：根据联合国粮农组织统计数据库进行数据计算。

争优势。自 2010 年以来，中国的牛肉和羊肉进口进入爆发式增长的阶段。由于高昂的土地价格和农业成本导致国内生产受到限制，预计中国对牛肉和羊肉的需求增加将取决于国际市场的供应。世界上主要的牛肉生产地是大洋洲、南亚、南美和欧洲，其中澳大利亚、新西兰、印度、巴西和阿根廷具有相对较强的比较优势。目前，在中国进口的牛肉中，中高端产品主要来自澳大利亚和新西兰，而中低端产品主要来自南美。受不同国家农业条件和生产技术的限制，这种模式预计在不久的将来不会有太大变化。中国的羊肉进口总量从 2000 年开始快速增长。在全球范围内，澳大利亚、新西兰和英国在羊肉供应方面具有强大的比较优势，使它们成为未来国际市场中合适的羊肉供应者。

在中国国民膳食结构中，禽肉在主要肉制品中仅次于猪肉，且两者之间存在高度的替代性。在主要的畜产品中，禽肉和蛋类是中国仍然具有一些比较优势和竞争优势并保持贸易顺差的仅有产品。尽管在 1998~2018 年，中国禽肉和蛋类的相对优势也有所下降，但仍然强于世界上大多数主产国家和地区。除中国以外，国际市场上的其他禽肉净出口国有巴西、泰国、波兰和荷兰等，蛋类净出口国有土耳其、波兰、荷兰等。

中国乳制品的生产在国际贸易中一直处于劣势，而且这种情况还在继续加深。中国乳制品在数量和质量上都远远落后于主要生产国。随着国内乳制品需求的增长，贸易逆差开始累积，中国国内市场越来越依赖进口。目前，乳制品的主要供应国是澳大利亚、新西兰和几个欧洲国家，包括法国、德国、意大利、波兰和英国。所有这些国家都具有区域优势和高技术支撑。因此，这些国家在未来仍将是中国乳制品进口的主要来源。

总之，1998~2018 年，与世界其他地区相比，中国大多数农产品的比较优势和竞争优势都在下降。与美国和欧洲国家一样，亚洲、非洲和南美洲的许多发展中国家在生产特定农产品方面也能够逐步提高其比较优势和竞争优势。这将增加国际市场的农产品潜在供应量，并为中国满足未来需求提供可替代的进口来源。

五 中国的潜在贸易伙伴：互补性分析

随着中国人口和人均收入的持续增长，未来 10 年国内的粮食需求将进一步增加。除了提高国内农业生产力以外，中国将不可避免地从国际市场进口更多的谷物供应。如前几节所述，如果中国农产品贸易的增长是基于各国的比较优势和竞争优势，那么中国和世界其他国家和地区都将从中国农产品贸易的扩张中受益。因此，我们首先分商品预测近期的需求，然后用 OBS 指数列出潜在的进口来源。

中国未来的农产品净需求

尽管中国主要农产品的比较优势在 1998～2018 年有所下降，但中国保持相对较高水平的粮食自给率仍然很重要。有一种观点认为，鉴于中国庞大的人口规模和持续的经济增长趋势，世界将很难满足中国食品进口需求的急剧增长。如前所述，中国目前进口的粮食不及其国内消费的粮食总量的2%，占全球可贸易粮食总量的 8%以上。

基于中国农业政策中心（CCAP）的预测，中国将通过提高农业生产力，在未来 10 年或 20 年中继续保持较高的粮食自给率。然而，随着中国人口的持续增长，到 2035 年，中国的粮食自给率可能会从 2020 年的 98%下降到 2035 年的 92%～95%。表 3.2 比较了 2025 年、2035 年和 2050 年中国主要农产品的自给率。尽管国内主要谷物的生产和需求将大致平衡，但大多数经济作物和畜产品的国内需求和供给之间的差距将不断扩大。这在某种程度上反映了人均收入增加推动国内食品消费向高价值和高质量产品的转变。此外，这将是中国通过进口更多具有相对较低比较优势和竞争优势的农产品以提高资源配置效率的一个好方法。

表 3.2　预计 2025 年、2035 年和 2050 年中国主要农产品自给率

单位：%

	2025 年	2035 年	2050 年
大米	98	98	98
小麦	98	98	98
玉米	92	82	81
棉花	74	67	55
油籽	87	87	90
糖类	58	40	22
蔬菜	100	100	100
水果	100	100	100
猪肉	99	98	98
牛肉	85	77	65
羊肉	91	85	75
禽肉	100	99	98

	2025 年	2035 年	2050 年
蛋类	100	100	100
乳制品	72	68	60

数据来源：中国农业政策中心。

根据我们对 RCA 指数和 RTA 指数的估计，包括大米、小麦和玉米在内的中国主要粮食作物正在逐渐失去其相对优势。不过大米和小麦的自给率预计将保持在 98% 以上，因为它们是国家发展的首要任务。[①] 这就意味着，尽管土地资源短缺和生产成本上升，中国国内粮食生产仍然能大致满足国内的消费需求。相比之下，对饲料作物（尤其是玉米）的需求将会增加。随着对畜产品的需求随时间推移而增加，饲料谷物需要从其他地方采购。鉴于中美贸易摩擦使得未来国际市场上的不确定性增加，中国显然有必要拓宽进口渠道，以确保未来进口来源的多样化。

与谷物相比，中国在包括棉花、油籽和糖类等在内的经济作物生产上具有更大的相对劣势。预计到 2025 年，国内市场约 13% 的油籽、26% 的棉花和 42% 的糖类需求必须通过进口来满足。随着这些农产品自给率在未来十年或 20 年内的下降，以及由于它们相对较低的比较优势，对它们的进口将大幅度增加。其中还不包括大豆，90% 的大豆已经来自国际市场。如今，这些产品大多从北美、南美和澳大利亚进口。然而，问题依然是，这些地区和国家是否会继续增加供应？

至于畜产品，自 2010 年以来，中国的进口总量猛增，主要原因是国内生产成本的增加。除了禽肉和蛋类以外，中国大多数畜产品的生产仍然以家庭生产和/或小规模企业为基础，而且这些企业对土地资源、劳动力价格和饲料成本十分敏感。因此，中国的禽肉生产处于价格劣势，失去了竞争力。到 2020 年，中国 9% 的牛肉、10% 的羊肉和 25% 的乳制品来自国际市场，猪肉的产量仍可大致满足国内需求。随着消费需求的增加和来自世界其他地区的竞争，即使猪肉仍可保持自给自足，预计有更多的饲料谷物和牛羊肉需求将通过进口满足。

---

① 粮食供给问题是关系国计民生的根本性、关键性问题。党的十八大以来，中国确立了"以我为主、立足国内、确保产能、适度进口、科技支撑"的国家粮食安全战略。

对中国未来农业贸易伙伴的预测

鉴于已经预测到的未来粮食需求结构，中国需要增加对高价值、土地密集型和水资源密集型农产品的进口，从而为中国具有相对比较优势的农产品的生产腾出更多的资源。只有当其他国家能够提供足够满足中国需求的农产品的时候，这种安排才能实现。中国现有的贸易伙伴或多或少地受到其潜在供应能力的限制（基于自然禀赋的供应的有限性，或者双边关系中存在困难）。因此，中国有必要根据与中国农业生产的潜在（而非实际）互补性来确定贸易伙伴。①

从这个意义上讲，我们最感兴趣的是分析中国与土地资源丰富的发展中国家之间的贸易潜力。这是由于这些国家有闲置的土地和其他农业资源，具有增加农业产量的巨大潜力，尽管由于缺乏投资和技术支持，这些国家尚未有效利用这些资源。因此，如果这些国家在农产品方面的比较优势与中国未来的需求互补，那么增加对中国的农产品出口的潜力将带来经济激励，以扩大其农业生产并使其工业化，从而增加全球农业产量并促进全球粮食安全。

图 3.13（a）显示了中国与三种主要谷物的生产国家或地区之间的互补性。对玉米来说，2012~2018 年，南美、东欧和中国的玉米 OBC 指数有所提高，因为它们在玉米生产方面的比较优势有所增加。特别地，阿根廷和俄罗斯显示出向中国供应额外玉米的巨大潜力，超过中国现有的贸易伙伴。

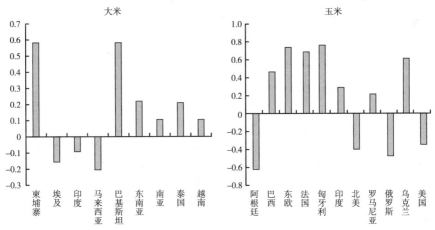

---

① 两国之间的潜在互补性是根据其 OBC 指数以及 RTA 指数的变化趋势来解释的。

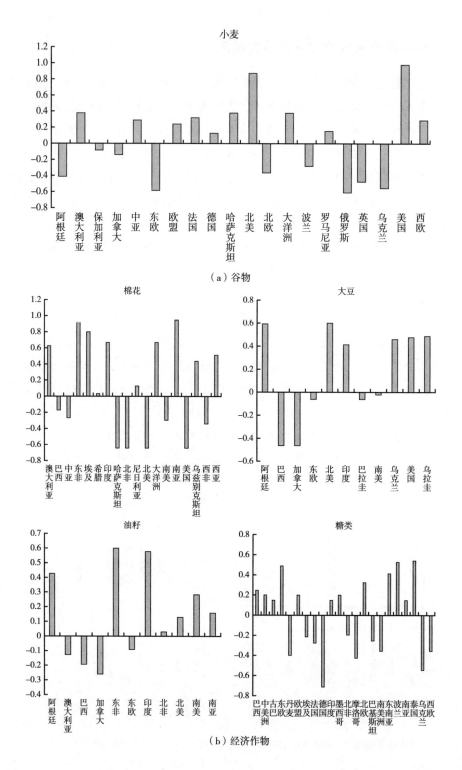

（a）谷物

（b）经济作物

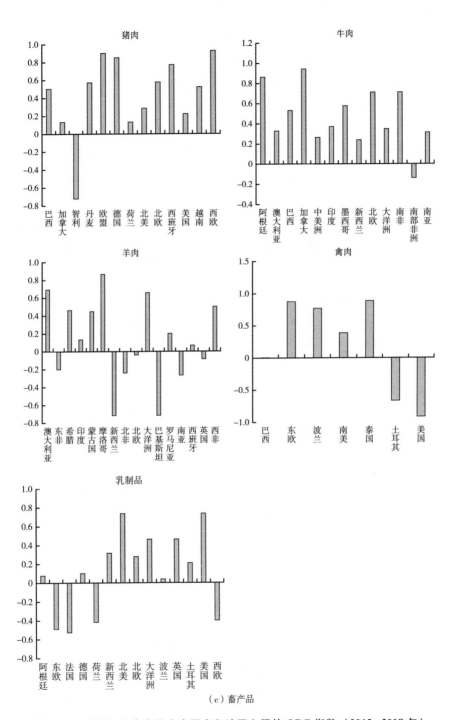

（c）畜产品

图 3.13　中国与各农产品主产国家和地区之间的 OBC 指数（2012~2018 年）

数据来源：根据联合国粮农组织数据库数据计算。

与粮食作物相比，中国经济作物的自给率要低得多。由于国内高昂的生产成本和国际竞争，棉花、油籽和糖类的进口在 2008～2018 年急剧增长。在可预见的未来，中国对这三类产品的贸易依存度将继续上升。

图 3.13（b）显示了 2012～2018 年中国与其他贸易优势国家和地区之间经济作物的互补性。第一，在世界主要棉花出口地区中，南美、北美和中亚在棉花贸易中的相对优势显著增加。特别地，巴西和哈萨克斯坦等发展中国家是中国棉花产品进口的备选项。第二，对于大豆，中国和南美之间的 OBC 指数为正，这表明，南美油料作物的比较优势可能在与中国的农业贸易中具有更大的互补性。第三，中国的糖类进口受到国内政策的严重影响，随着时间推移表现出周期性波动而增加。在主要出口国中，泰国显示出与中国的高度互补性。因此，如果未来糖类贸易由市场行为主导，那么泰国可能是古巴的一个有前途的替代国。

至于畜产品贸易，中国的进口尤其是牛羊肉和乳制品的进口，目前主要是来自澳大利亚、欧洲和北美。然而，我们对这三种产品的 OBC 指数的估计表明，南亚、北美、南美和欧洲的一些发展中国家也有强大的能力供应这些产品［见图 3.13（c）］。特别是由于近年来美国的比较优势有所下降，南亚、南美、非洲和澳大利亚等地区和国家的比较优势一直在增加。因此，这些国家和地区可能成为中国畜产品的新来源，尤其是考虑到当前及未来中美之间贸易局势的不确定性。具体而言，中高端肉类和乳制品将主要来自传统贸易伙伴，包括澳大利亚、新西兰、英国和德国等发达国家，而那些南亚、南美等地区的发展中国家包括印度、巴西和阿根廷等，将能够为中国提供中低端的产品。随着出口优势的增长，这些国家和地区将成为中国未来合适的畜产品进口来源地。

六　结论

通过使用 1978～2018 年全球商品级农业贸易数据，本章系统考察了中国农产品和畜产品在加总水平上的比较优势和竞争优势及其随时间的变化趋势。此外，我们考察了中国与每种产品潜在供应者之间存在的潜在生产互补性。结果表明，近年来，中国主要农产品的比较优势和竞争优势在下降，而且随着需求的增加，中国已成为国际市场上重要的粮食进口国。除了依靠现有的贸易伙伴，中国还需要考虑将那些农产品具有更大的比较优势的发展中国家发展为特定农产品的潜在供应来源。基于相对比较优势，这种新的农业贸易格局不仅有助于改善中国及其贸易伙伴的福利，而且有助于通过促进全球粮食生产来确保全球粮食安全。

在商品层面，我们发现许多发展中国家和发达国家在饲料谷物、油料作物和其他农产品的双边贸易等方面与中国具有高度的互补性，这些国家包括东欧、南美和非洲的发展中国家。基于比较优势和竞争优势，适当增加中国与世界其他地区的农业贸易，不仅有助于缓解国内对相对稀缺的农业资源和生态资源的压力，还将为世界提供增加农业生产的经济激励，从而有助于全球粮食安全。

附表 3.1　农产品贸易和生产数据

商品	代码	
	贸易数据	生产数据
谷物	1944	1717
大米	1946	27
小麦	15	15
玉米	56	56
棉花	767	1753
油籽	1899	339
大豆	236	236
糖类	164	／
甘蔗	／	156
甜菜	157	157
蔬菜	1889	1735
水果		1738
肉类	2077	1770
猪肉	2027	1055
牛肉	1924	867

续表

商品	代码	
	贸易数据	生产数据
羊肉	1925	1012
家禽	2074	1808
蛋类	1942	1783
乳制品	2030	1780
农产品总量	1882	/

注:"/"表示在原始数据库中不含该商品的数据。

数据来源:联合国粮农组织统计数据库。

参考文献

China Centre for Agricultural Policy (CCAP) (2019), *Global and China's Agricultural Development Toward 2050*, [In Chinese], Beijing: CCAP.

Chinese Academy of Engineering (CAE) (2020), *China Agriculture Development Strategy in 2050*, [In Chinese], Beijing: Chinese Academy of Engineering Press.

Food and Agriculture Organization of the United Nations (FAO) (2020), Agricultural land area: World, 1961–2018, *FAOSTAT: Land use*, [Dataset], Rome: FAO. Available from: www.fao.org/faostat/en/#data/RL/visualize.

Huang, J. and Rozelle, S. (2018), China's 40 years of agricultural development and reform, in R. Garnaut, L. Song and F. Cai (eds.), *China's 40 Years of Reform and Development: 1978–2018*, 487–506, Canberra: ANU Press. doi.org/10.22459/CYRD.07.2018.24.

Meat & Livestock Australia (MLA) (2020), *Market Information: China beef imports—Monthly trade summary*, Sydney: MLA. Available from: www.mla.com.au/globalassets/mla-corporate/prices--markets/documents/os-markets/steiner-reports-and-other-insights/china-beef-imports---global-summary---july-2020.pdf.

Ministry of Commerce (MoFCOM) (various years), *Monthly Brief Statistics on China's Agricultural Imports and Exports*, [In Chinese], Beijing: MofCOM. Available from: wms.mofcom.gov.cn/article/ztxx/ncpmy/ncpydtj/200603/20060301783733.shtml.

National Bureau of Statistics (NBS) (2019), *China Statistical Yearbook*, Beijing: China Statistics Press.

Sheng, Y., Shan, Y. and Huang, J.K. (2020), *Analyzing the determinants underlying exports of major agricultural commodities from African countries to China*, CCAP Working Paper & Bill and Melinda Gates Foundation Report, Beijing and Washington, DC.

UN Comtrade (2014–17), *UN Comtrade Database*, [Online]. Available from: comtrade. un.org/.

World Trade Organization (WTO) (2019), *World Trade Statistical Review 2019*, Washington, DC: WTO. Available from: www.wto.org/english/res_e/statis_e/wts2019_e/wts2019 chapter08_e.pdf.

第四章　新技术革命下的中国城市化

王　微　邓郁松　邵　庭　王瑞民　牛三元　刘　馨

截至 2019 年末，中国的城市化率已经达到了 60.6%，表明中国已经进入城市化的中后期阶段。面对未来，中国必须抓住这一重大机遇，明确城市化的驱动机制，研究城市化的新趋势和新特点，并妥善应对现有的风险和挑战，推进城市化沿着健康的轨道运行。

一　中国的城市化进程

中国的城市化发展模式内生于经济发展道路和产业结构的转型。在计划经济时期重工业优先发展的战略下，中国的城市化经历了快速的工业化进程，出现了大量的工业城市。尽管如此，这一阶段的城市化受到一些体制机制的约束，没有享受二战以后全球第三次技术革命带来的好处。改革开放后，随着中国特色社会主义市场经济的建立和完善，中国经济一直在融入全球经济体系并迅速发展。中国的城市已经开始充分利用外国先进技术的扩散和溢出效应来改造升级产业结构。

城市化的曲折发展阶段（1949~1978 年）

1949 年中华人民共和国成立时，中国城市人口为 5765 万，占全国总人口的 10.6%。1949~1975 年，根据重工业优先发展战略，许多城市围绕 694 个重点工业项目进行了建设和扩张。1958 年，"大跃进"引发了大量农村人口向中国城市的迁移。在"文革"期间，中国经济社会发展遭到严重破坏，城市化过程发生逆转（见图 4.1）。在这一阶段，城市化在地理方面主要围绕主要工业项目分布，特别是围绕重点国防项目的位置展开，人口规模和产业结构受到中央计划经济体系的严格控制。此时，城市主要被视为行政中心，在经济增长和社会治理方面的重要性被忽视。

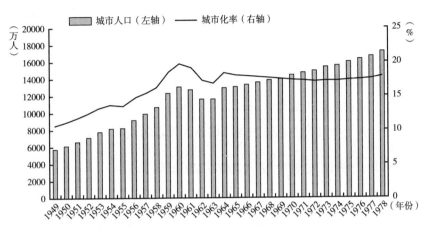

图 4.1　中国的城市人口和城市化率（1949~1978 年）

数据来源：中国国家统计局。

城市化的顺利启动（1979~2000 年）

1979~1984 年，中国采取了严控大城市扩张、鼓励小城市发展和发展农村小城镇的新发展模式（国家基本建设委员会，1980）。乡镇企业通过鼓励

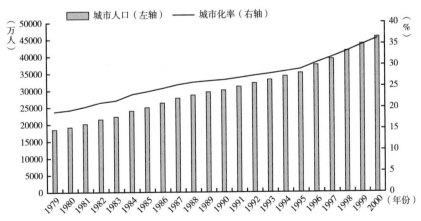

图 4.2　中国的城市人口和城市化率（1979~2000 年）

数据来源：中国国家统计局。

农民离开农村并在乡镇工厂工作的方式促进了城市化。到1984年，中国启动城市经济体制改革。许多村庄被改造为城镇，大量的农村人口迁入小城镇。1992年邓小平南方谈话和1994年社会主义市场经济体制确立后，中国开始实施城市驱动的区域发展战略和沿海城市优先发展战略。1990~2000年，城市数量从467个增加到663个，城市人口从3亿增加到4.6亿，城市化率从26.4%上升到36.2%（见图4.2）。在此阶段，世界上的先进经济体相继进入全面信息化时代，同时中国也抓住了这次技术革命带来的巨大工业发展机会。通过利用沿海地区劳动力和土地成本低的优势，中国率先发展了相关产业，电子信息产业迅速成为许多沿海城市的重要产业。

城市化的快速发展阶段（2001~2011年）

2001年中国加入世界贸易组织以后，迅速发展成为重要的全球制造业基地，加速了城市化进程。2001~2011年，中国的城市化率从30.89%增加到51.27%，这是中国改革开放以后城市化速度最快的一个阶段（见图4.3）。关于城市化模式，"十二五"规划提出中国要"以大城市为依托，以中小城市为重点，逐步形成辐射作用大的城市群，促进大中小城市和小城镇协调发展"。随着中国工业发展深度融入国际分工和参与全球市场竞争，产业政策的重点转向全面支持资本密集型产业的技术和产品升级，培育技术密集型产业，并继续扩大开放的范围。第三产业占比从39.8%稳步上升到

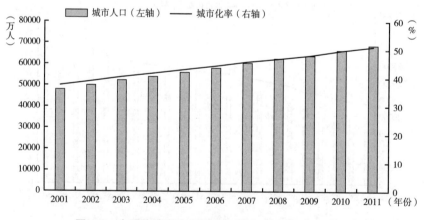

图4.3 中国的城市人口和城市化率（2001~2011年）

数据来源：中国国家统计局。

45.5%，首次超过第二产业（见图4.4）。城市化进程与产业结构升级同步推进，城市化质量逐步提高。

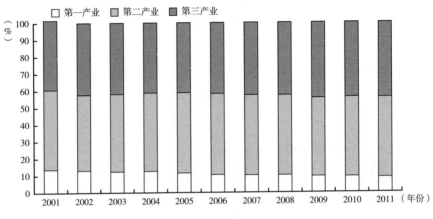

图4.4　中国产业结构的变化（2001~2011年）

数据来源：中国国家统计局。

2012年以来城市化发展的新阶段

党的十八大以来，中国经济和社会进入了一个新时代。2013年12月召开的中央城镇化工作会议提出，要走中国特色、科学发展的新型城镇化道路。自由贸易试验区建设和内陆边境地区的开放取得了重大突破。大批

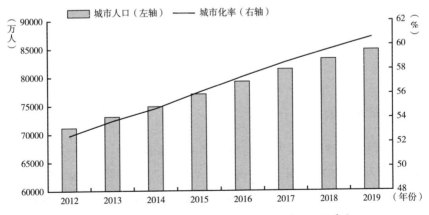

图4.5　中国的城市人口和城市化率（2012~2019年）

数据来源：中国国家统计局。

中部内陆城市如重庆、成都、武汉和郑州，进入快速增长期。2013年，中国提出"一带一路"倡议，进一步扩大经济主轴和发展走廊，成为城市化发展的新动力。2016年，"十三五"规划提出以城市群为主要城市化形式，加快城市群建设和发展。中国的城市化率已从2012年的52.6%增长至2019年的60.6%（见图4.5）。新一轮全球技术变革不断加速，中国涌现出一系列新技术、新产业和新模式。2012~2019年，第三产业占比从45.5%上升到53.9%，表明中国城市化已进入以服务业发展为主的新格局（见图4.6）。

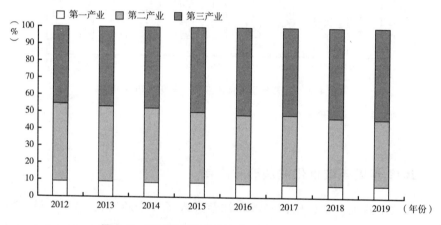

图4.6 中国产业结构的变化（2012~2019年）

数据来源：中国国家统计局。

二 中国的城市化成就

城市化水平稳步上升

改革开放40多年来，中国的城市化水平迅速提高，1978~2019年，城市化率从17.9%增加到60.6%，城市总人口增长到8.48亿（见图4.7）。中国城市市区面积从2008年的178100平方公里增加到2019年的208900平方公里，而城市建成区面积从2004年的30400平方公里增加至2019年的58500平方公里（见图4.8）。

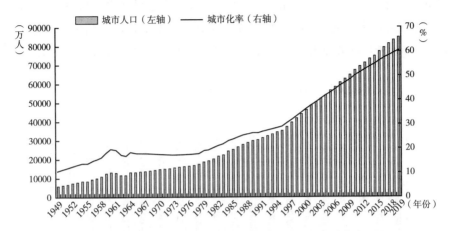

图 4.7　中国的城市人口和城市化率（1949～2019 年）

数据来源：中国国家统计局。

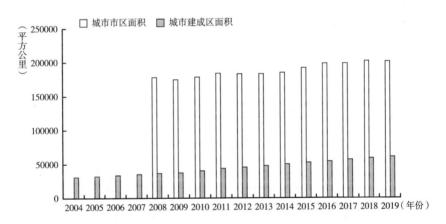

图 4.8　中国城市市区面积和城市建成区面积（2004～2019 年）

数据来源：中国国家统计局。

城市化模式的持续优化

中国城市的数量迅速增加，规模也在迅速扩大。到 2017 年底，户籍人口超过 500 万的城市（地级市，下同）有 14 个，户籍人口 300 万～500 万的城市有 16 个，户籍人口 50 万～300 万的城市有 219 个。2000～2019 年中国不同户籍人口数的地级市数量见图 4-9（分组方式与上列数据略有不同）。城市化格局不断优化，京津冀、长三角、珠三角三大城市群建设加快。"19+2"城市群格局形成并稳步发展。① 截至 2016 年，上述三个最具影响力的城市群以占全国 2.8% 的土地面积承载了全国 18% 的人口，创造出全国 GDP 的 36%。

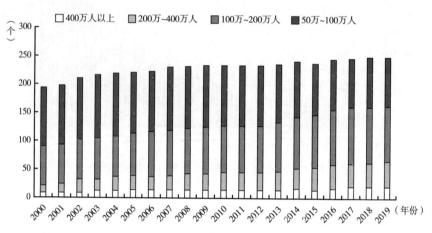

图 4.9　中国不同户籍人口数的地级市数量（2000~2019 年）

数据来源：中国国家统计局。

中国城市综合竞争力显著提升

经过 40 多年的城市化，中国城市经济持续扩张，城市产业结构不断优化，整体竞争力显著提高。在中国社会科学院和联合国人居署联合发布的《全球城市竞争力报告（2019~2020）》中，中国 291 个城市中有 103 个城市的竞争力排名提前（CASS & UN-Habitats，2019）。其中，深圳、上海、香港、北京和广州进入世界最具竞争力城市排名前 20。

城市面貌和居民生活迅速改善

随着城市化的推进，城市供水、供电、供气、排水、排污和垃圾处理等公共服务和基础设施的短板得到了极大的缓解，居民出行和生活条件得到了

---

① "19+2"城市群包括：京津冀、长江三角洲、珠江三角洲、山东半岛、台湾海峡以西、哈尔滨-长春、辽宁中南部、中原、长江中游、成渝、关中平原、北部湾、山西中部、呼和浩特-包头-鄂尔多斯-榆中、贵州中部、云南中部、兰州-西宁、宁夏沿黄、天山北部城市群以及拉萨城市圈和喀什城市圈。

极大的改善。2017 年，全国城市道路网络面积达到 78.9 亿平方米。截至 2018 年，全国已有 35 个城市建立了轨道交通网络，运营线路 185 条，轨道交通总里程 5761.4 公里。2017 年底，城市供水普及率为 98.3%，燃气普及率为 96.3%，污水处理普及率为 95.5%，生活垃圾处理率达到 99.0%，污水处理率为 97.7%。2019 年，在 1949~1978 年增长 3.7 倍基础上，中国城市人均住房面积进一步增加至 39 平方米（见图 4.10）。

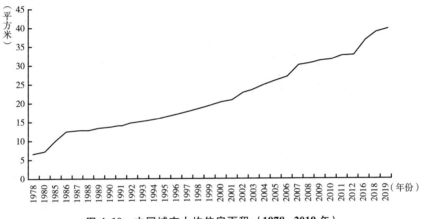

图 4.10 中国城市人均住房面积（1978~2019 年）

数据来源：中国国家统计局。

城市公共服务和治理体系的持续改善

时至今日，中国已基本建立了一个广覆盖、保基本的可持续社会保障体系，健康服务和其他城市公共服务的不断改善，保障更公平地获得基本公共服务的进程得以稳步推进。参加养老保险的城镇居民人数从 1989 年的 5710 万人增加到 2019 年的 4.35 亿人。参加基本医疗保险的人数也从 2007 年的 4290 万人增至 2019 年的 10 亿多人（见图 4.11）。中国的许多城市正在建立跨部门、跨行业和跨区域的信息共享和商业合作机制，城市治理的现代化进程不断加速。

新产业结构以服务业为主

关于发达经济体在不同发展阶段的产业结构，美国、英国和法国的第

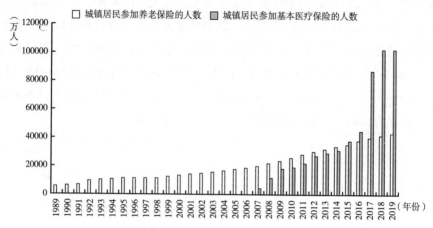

图 4.11 中国城镇居民参加养老保险和基本医疗保险的人数（1989～2019 年）

资料来源：中国国家统计局。

三产业增加值已经占 GDP 的 70% 以上。另外，德国和日本的先进制造业发展良好，第二产业增加值占比明显高于其他发达经济体。2019 年，中国第三产业增加值占比为 53.9%，表明服务业是中国城市化的主要驱动之一。预计到 2020 年、2034 年和 2050 年，中国第三产业增加值占 GDP 的比重将分别增长到 55.3%、63% 和 70%。总体而言，在 2020～2050 年的城市化进程中，中国的产业结构将经历重大的调整和转型。第三产业的发展潜力依然很大，第一产业和第二产业占比将延续其下降趋势。以生产性服务业和第一、第二、第三产业融合为特征的新型产业结构将逐步稳定下来。

三　新技术革命对中国城市化的影响

新技术革命和中国经济的高质量发展高度交织，可以为正在进行的城市化提供重要的发展机遇。这不仅会影响城市化的程度和速度、加快都市圈和城市群的发展，还会提高城市治理水平，逐步缩小地区之间和城乡之间的差距，促进高质量发展。

为高质量的城市化提供动力

新技术革命影响城市高质量发展的主要机制，将是发展新的生产要素和新兴产业，以及促进高科技产业和生产性服务业的发展。从目前的应用领域来看，以大数据、云计算和人工智能等为代表的数字技术已经开始得到大规模的商业应用。此外，智能制造、新能源汽车、智能城市和移动互联网技术迅速发展并成为经济新引擎。现代物流、信息技术和其他技术的应用可以进一步降低城乡交流的成本，促进技术向农村转移，从而提高农业生产力和生产效率，有利于农村剩余劳动力继续向城市转移。

深圳是技术革命推动高质量城市化的典型例子。2019年，深圳获得了专利合作条约（PCT）体系近1.2万项专利授权，是中国排名最高的城市。根据21世纪经济研究院（2020）发布的《2020年中国城市高质量发展报告》，深圳也是中国高质量发展排名第一的城市。深圳为技术创新提供了强有力的资金支持，成功地集聚了科技产业并带动相关就业。另一个例子是长江经济带城市群。Yang和Yang（2019）的一项实证研究采用经济活力、创新效率、绿色发展、人民生活质量和社会和谐程度等指标，研究了长江经济带的发展质量如何得到显著提高。从驱动因素来看，技术创新能够显著提高城市的发展质量，促进作用显著高于其他因素。不仅如此，长江下游城市互相促进，发展质量普遍较高。

低碳、绿色、可持续的城市发展模式

新技术革命正通过产业结构调整引领中国城市的低碳和绿色发展，从而提高了中国城市在全球价值链和产业分工中的地位。首先，信息技术和制造业实现了深度融合。大数据在智能制造的过程中产生。通过改变生产要素的相对组合，全球产业链和劳动分工也将发生变化。其次，新技术革命提高了劳动生产率，改善了能源要素投入。一个城市不再需要将高排放产业转移到其他城市，而是可以通过技术进步提高劳动生产率和改善能源要素投入来减少碳排放。再次，新技术革命改变了原有规模庞大但缺乏可定制性的生产模式。通过智能增材制造技术和其他技术将用户需要纳入生产，有助于实现定制化生产。最后，绿色交通的概念将重塑市民的行为。新型交通模式如电动汽车、车联网和共享单车等显著降低了城市交通系统的碳排放水平。

实证研究表明，在中国快速城市化的进程中，产业升级和收入增加为降低所有地区的能源强度做出了贡献（World Bank，2007）。中国石油天然气集团有限公司估计，到 2050 年，非化石燃料将占中国一次能源发电量的 35%，碳排放强度将降至 2010 年的 18%（CNPC，2017）。能源技术的创新将使光伏发电和风力发电的平准化度电成本（LCOE）分别降低 71% 和 58%（Chen，2018）。例如，雄安新区创建了零碳智能绿色能源系统，并实现了碳中和。这是通过利用自身地热能源并充分采用多种能源协调、源网络负载存储协调以及能源互联网集中和分布式协调等技术系统实现的。预计到 2040 年，雄安新区可以通过充分依赖可再生能源实现零碳排放（Guo & Gao，2018）。新能源汽车是中国汽车工业赶超的主要突破口。2014 年，中国电动汽车年销量已经突破 100 万辆，位居世界第一（Chen，2009；Zhou，2018）。根据 Zheng 等（2019）的数据，2011～2017 年，中国电动汽车销量排名前五的省区市，其碳排放量总计减少了 61.2 万吨。

促进产业提升和提高城市人口承载能力

以数字经济为代表的新经济形态大多出现于大城市。大城市已经成为高效率、高就业机会的平台经济和创新型企业的集中地，所有这些都给城市承载能力带来巨大挑战。尽管如此，新技术革命首先通过取代传统城市中心向外围地区的扩张模式，带来了大城市交通系统的持续改进。互联互通有助于加快大城市地区的协同城市化。大城市交通拥堵得到缓解，人口承载能力显著提高，从而可以更好地利用人口集聚的规模效应和密度效应。城市内劳动力和其他资源功能性分工和空间配置的互补效应实现最大化，促进了产业协调发展（Liu，2001）。

以上海为例，1991～2015 年，城市建设用地增加了 1500 多平方公里（见图 4.12），综合交通系统建设投资超过了 1 万亿元，其中包括交通枢纽、公路、高速公路和轨道交通等，以满足生产活动扩大产生的运输需求。城市居民日平均出行里程从 1995 年的 4.5 公里增长到 2014 年的 6.9 公里，增幅超过 50%（同济大学交通运输工程学院，2019）。这一增长表明，城市居民在更大区域范围内获得了更多的就业机会和更多的公共服务。例如，Deng（2015）指出，广珠城际铁路将第一和第二产业的空间集聚度提升了 20%，因为第一和第二产业非常依赖物理交通。2014 年，广州城市人口密度达到了每平方公里 2246 人。由此可见，城际轨道交通对城市群的整体发展起到了非常重要的推动作用。

 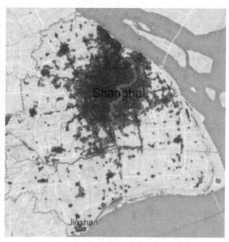

（a）上海市的城市空间　　　　　　　（b）上海市的城市空间
覆盖区域（1991 年）　　　　　　　　覆盖区域（2000 年）

资料来源：同济大学交通运输工程学院（2019）。　资料来源：同济大学交通运输工程学院（2019）。

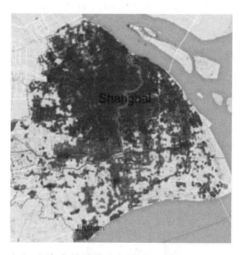

（c）上海市的城市空间覆盖区域（2015 年）
图 4.12　1991～2015 年上海市的城市空间覆盖区域

资料来源：同济大学交通运输工程学院（2019）。

提高城市综合治理能力

改革开放以来，中国的城市治理先后经历了从政府通过计划经济全面控制资源配置向依靠制度创新和先进技术的转变。数字技术和智能技术在城市中的广泛应用促进了城市管理变革，改善了公共服务的供给效率。以河南省鹤壁市为例，作为中国中部的地级市，鹤壁与长江三角洲、珠江三角洲的发达城市相比，经济总量偏小，各项经济指标均有所落后。然而，随着地方政府重视城市治理现代化，开启智慧鹤壁和其他数字政府项目建设，该市的电信业务迅速增长并推动了第三产业的蓬勃发展。公众对城市治理参与度、在线服务水平、应急响应时间和公共安全等的满意度已经达到了88%以上（Niu，2017）。此外，网格化管理等城市治理模式的探索已经在中国许多地区取得了成功。截至2012年，全国已有90多个城市采用或正在实施网格化管理模式。

解决城市化进程中的不平等

根据中国综合社会调查（2008～2015），中国的总体机会不平等指数从2008年的0.254下降至2015年的0.176（Liu，2019）。然而，从全球视角来看，中国的机会不平等对收入不平等的影响依然相对较大，农村机会不平等指数（2015年为0.1738）依然高于城市地区（2015年为0.0805）。正是城乡地区的环境因素（性别、出生地、父亲的社会地位等）存在显著差异导致了这种机会不平等。虽然受教育机会不平等造成的机会不平等已在农村地区显著减少，但仍然比在城市地区常见。

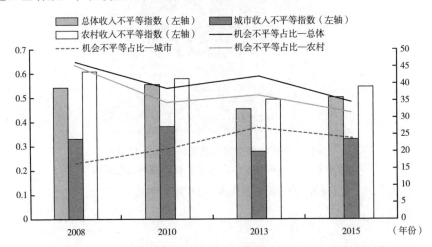

图4.13　中国收入不平等指数和其中的机会不平等占比

数据来源：Li（2019）。

　　新技术革命将在以下几个方面助力缩小城乡收入不平等指数的差距。第一，养殖、化肥和灌溉等相关技术的进步，对农业增产和农民增收有直接影响。信息和通信技术（ICTs）的采用也可以降低交易成本，增加农村人口的市场交易机会（World Bank，2019）。第二，农村教育和人力资本投资的显著改善将缩小城乡收入差距（Wang & Fan，2005）。第三，信息技术革命以及由此带来的商业和社会保障模式的变革，将有助于促进农村经济的发展（Picot & Lorenz，2010）。互联网对中国城乡居民之间的收入差距有着显著的缩小作用（Guo & Zhang，2019），普惠数字金融就是一个很好的例子（Jia，2019）。然而，各种不平等和不平衡的问题，最终可能会变得更加突出。首先，在不同城市之间，技术变革对产业发展的促进程度有所不同。那些经济发展不好的城市，人口可能会迅速减少。其次，制造业仍然是中国中西部地区吸纳就业的重要部门。从短期和中期来看，这些地区在承接中国东部产业转移时，收入可能会因持续的产业转型受到损害，并面临着来自东南亚和非洲新兴国家的竞争。因此，中国中西部地区和东部地区的收入差距可能会扩大。最后，重复性或低技能的工作可能会被自动化技术所取代。由于技术革命带来的服务业收入两极分化、市场集中度提高和大公司内部收入差距的扩大，短期内城市内部的收入不平等可能会加剧。

四　中国城市化的趋势和展望

　　中国目前已经进入城市化加速阶段的后期，根据一般发展规律，城市化的主导产业向服务业转移。大都市将成为人口集聚的主要空间，人口迁移将逐渐从"乡—城"移民转向城市间移民。城市发展将从数量的快速扩张向高质量发展转变。从宏观社会经济格局来看，到2035年，中国将进入中等偏上收入国家行列。中国的经济、社会和产业结构将发生重大变化，进入以服务业为驱动、以消费为主导的阶段。中国的城市化道路将以高质量和高效率的科学发展模式、城市系统的持续优化和治理体系的现代化为主要标志。

2020~2050年城市化的总体趋势

　　2019年，中国的城市化率达到60.6%，高出中国社会科学院此前预测的水平。国际经验表明，当一些国家达到中等收入水平时，城市化率将达到50%左右，而所有高收入国家的城市化率都在70%以上。根据我们的预测，2035年中国的城市化率将达到72.4%，人均GDP将达到36000美元（世界银行、国务院发展研究中心，2014）。摩根士丹利发布的《中国超级城市的崛起：城市化的新时代》预测，到2035年，中国的城市化率将达到75%。在高质量和高收入的发展阶段，中国的经济和产业结构将更加平衡和有效，创新将通过发展驱动力和城市群集聚机制发挥更加重要的作用，大中小城市的协同发展机制将更加成熟。

中国的城市化已进入追求高质量的阶段

Northam（1979）发现，城市化进程可以被描述为一条略微平坦的S形曲线。他将70%以上的城市化率作为进入城市化后期阶段的标准（见表4.1）。同时，他认为当城市化率超过70%时，经济发展将由服务业和知识密集型高科技产业所主导。人口增长将转向"低生育率和低死亡率"的模式，人口增长率将趋于稳定，城乡差距将越来越小。根据发达国家的经验，城市化后期阶段的主要驱动力将是信息化和全球化。其后，信息技术革命放大了一个国家内部地区之间的差异，企业将根据这些差异在全国范围内分配资源和组织生产。在这一阶段，城市之间将出现新的生产分工。

在中国当前的城市化阶段，城市的竞争力及其主导产业的活力将越来越多地依赖于教育、科研和体制机制发展，而传统的地理和自然资源优势的作用已经相对弱化。城市的各种制度和政策已基本成型，城市管理越来越受法律和标准化流程的约束，这将使得经济调整和改革变得更加困难。例如，Zhao等（2015）比较了深圳和上海的创新水平，发现尽管上海拥有更丰富的教育资源、更多的研发投资和经济总量，但从专利产出以及战略性新兴产业和创新性企业发展来看，深圳比上海的表现要好。造成这些差异的主要原因在于，深圳有更好的商业氛围、更高的市场化程度、更完整的产业支持体系、更具创新性和商业友好性的金融体系，以及更具包容性的文化环境。因此，在中国城市化的后期阶段，需要更多的制度改革，以进一步提高城市竞争力和产业活力。

表 4.1　城市化三个阶段的特征和问题

	城市化率和人品变化特征	城市化驱动力	产业结构特点	问题和趋势
初始阶段	10%~30%； 人口向城市缓慢集聚	轻工业发展	农业为主,轻工业为辅	基础设施不完善,城市地区死亡率超过农村地区死亡率
加速阶段	30%~50%； 人口向城市加速集聚	重工业发展	重工业占比加速提升	交通堵塞,住房短缺,环境恶化,郊区化
	50%~70%； 城市人口增速下降	生产和生活服务业	重工业与服务业并重	城市基础设施和卫生条件开始改善
后期阶段	70%以上； 城市人口占比趋于稳定	信息化和全球化	服务业和高科技产业主导	城市集聚和扩散并存

五　中国的城市化发展展望

当前，中国的城市化已经进入发展的新时代，2020~2050 年将是关键的发展时期。在城市化的上半场，城市发展主要集中在增长率上。然而，随着城市产业的转型和升级，城市未来将专注于高质量发展的要求，其中包括提升城市化的质量和效率，形成低碳、绿色和高效的城市发展模式，同时继续推进城市治理的现代化。

城市化质量和效率显著提升

新技术革命将提高中国城市发展的质量和效率。那些拥有规模经济和完备基础设施的城市将吸引到技术、知识、人才和资金等要素。依靠城市庞大的消费市场，可以顺利实现产业从劳动密集型向知识和技术密集型转型，从而增强区域经济活力。一批新兴产业、企业和产品将涌现出来并有效地保证城市的长期竞争力。

城市发展模式更加科学合理

到 2050 年，中国的城市空间资源将得到更好利用，城市规划将更加精细，城市环境将更加宜居。城市将不再盲目扩大规模或依靠土地出让收入来推进城市建设。未来，中国城市的发展将实现社会、经济和生态的高度协调。城市管理者还应更加注重指导城市空间规划，保持合理适度的发展强度，保持人与自然的和谐相处。城市管理者还应建立可持续的投融资模式，投资重点必须转向提高城市整体竞争力和满足更高水平的居民需求上来。投融资体系将以市场为导向，利用地方债券、地方财政收入和开发性金融，吸引社会资本的参与。

城市布局的持续优化

2020~2050年，空间发展的主体将是城市群，大中小城市协同发展的效应将充分显现。到2050年，中国三大城市群预计将拥有30%的人口，创造超过60%的GDP。同时，在资源和环境承载能力更强的地区，如中西部的成都—重庆、中原地区和长江中游地区，以及东北的哈尔滨—长春，将出现若干城市群，以促进人口和经济分布的平衡。据估计，到2050年，中国19个城市群将吸引全国80%以上的城市人口，占据全国65%的城市建设用地。

城市治理体系的现代化水平得到提高

互联网、大数据、人工智能和其他技术与城市治理系统的深度融合，可以极大地改善中国的城市治理，提升公共服务的智能性、便利性和可及性，并有效解决各种"城市病"。城市管理者将鼓励更多市民参与城市管理和社区的自治活动。社会保障、教育、医疗和基础设施将得到进一步的改善。

六 促进中国城市高质量发展的战略选择

根据党的十九大提出的"三步走"战略，到2020年全面建成小康社会，到2035年基本实现社会主义现代化，到2050年建成富强民主文明和谐美丽的社会主义现代化强国。在城市化的下一阶段，中国必须为产业体系、社会经济体系、市场和技术确立高效、低碳、绿色和包容的发展目标，从而创造一条新型的城市化道路。新技术创新的发展和应用为中国带来了新的机遇，与此同时，中国巨大的国内市场潜力和新一轮改革带来的制度红利，将是中国城市化独特的驱动机制。

强化产业的支撑效应

截至 2018 年底，中国的服务业增加值仅占 GDP 的 53.3%，仍低于发达国家 74% 的平均水平。服务业是就业的最大贡献者。在城市化进程中，人口集聚、生活方式的改变和生活水平的提高将有助于扩大服务消费。生产要素的优化配置、三次产业部门的联系以及社会生产分工的细化，也将扩大对服务的需求。此外，随着农业技术和机械化水平的进一步提高，以及农业生产组织和商业模式的变化，农业生产力将持续提高，可为城市部门提供相对充足的劳动力。

积极拥抱新技术革命，增强城市创新能力

经过多年的努力，中国总体技术水平和创新能力得到显著提高。一些重要领域已经处于世界领先水平，一些行业也位于全球价值链的顶端。新一代信息技术正在得到突破和应用，其中人工智能、量子信息、移动通信、物联网和区块链技术等技术进步最具代表性。2018 年中央经济工作会议后，与新基建相关的政策都得到了推进。在需求方面，新基建有助于稳定增长和就业、服务消费升级和更好地满足中国人民对美好生活的需要。在供给方面，新基建将为创新和发展创造基本条件，在中国努力抢占全球技术创新高点之际更是如此。例如，自 2014 年以来，上海为加快建设具有全球影响力的科技创新中心，相继出台了"科创 22 条"和《关于本市推动新一代人工智能发展的实施意见》等一系列文件。2020 年 5 月，上海市政府发布《上海市推进新型基础设施建设行动方案（2020-2022 年）》，涉及 48 个重大项目，预计总投资 2700 亿元人民币。

充分利用国内大市场的发展潜力

为推进城市化进程，中国必须充分利用并释放庞大的国内市场潜力。城市化水平和公共服务水平的提高，将使城市消费群体不断扩大。同时，消费结构和消费潜力的升级，可为经济发展提供持续的动力。尽管如此，在城市化进程中，区域再平衡仍有很大空间。长三角、珠三角等地区已经步入高质量发展轨道，北上广深等超大城市的发展优势不断增强。此外，杭州、南京、武汉、郑州、成都和西安等大城市也已经成了新的区域增长极。

释放新一轮改革的制度红利

在城市化的中后期，阻碍发展的制度性障碍依然存在，改革的制度红利依然巨大。第一，通过户籍制度改革实现农民工劳动力的市场化和基本公共服务的均等化，从而快速提升中国的全要素生产率。第二，通过消除劳动力、土地、资本、技术、数据和其他要素自由流动的障碍，改革要素市场，鼓励城市和农村之间的要素双向流动。第三，通过改革垄断性行业提高产业竞争力，引入竞争中性原则。第四，通过实施积极的开放政策，提高中国城市的国际竞争力。这包括以"一带一路"、海南自贸区和上海自贸区为代表的重大机遇，以及服务业和高端制造业的进一步开放。

七　结论

中国的城市化模式内生于自身的经济发展路径和产业结构的变化模式。改革开放以来，中国经济迅速融入全球经济体系，城市产业结构实现转型升级。新技术革命和中国经济的高质量发展将为中国高质量的城市化提供重大机遇。下一阶段，中国必须为产业体系、社会经济体系、市场和技术等确立高效、低碳、绿色和包容的城市化目标，从而构建一条新型的城市化发展道路。新技术革命将有效地改造和升级城市传统制造业，催生大量技术和知识密集型的新行业，尤其是在服务业部门。中国巨大的国内市场潜力和新一轮改革带来的制度红利，将是中国城市化的独特动力。

参考文献

21st Century Economic Research Institute (2020), *Report on the High-Quality Development of Chinese Cities in 2020,* [In Chinese], Beijing.

Chen, M. (2018), Activating the 'era of parity' in photovoltaics, [In Chinese], *China Electric Power Enterprise Management* (6).

Chen, Q. (2009), *Grasp the Historical Opportunity of New Energy Vehicles*, [In Chinese], Research Report, Beijing: State Council Development Research Center.

China National Petroleum Corporation (CNPC) (2017), *China Energy Outlook 2050*, Beijing: CNPC.

Chinese Academy of Social Sciences (CASS) and United Nations Human Settlement Program (UN-Habitat) (2019), *Global Urban Competitiveness Report*, Shenzhen: CASS and UN-Habitat.

Deng, Y. (2015), Research on the evolution and coordination of the intercity rail and the spatial structure of urban agglomeration, PhD thesis, Northern Jiaotong University, Beijing.

Guo, J. and Gao, S. (2018), *The Realization Path of the Zero-Carbon Smart Green Energy System in Xiong'an New Area*, [In Chinese], Research Report, Beijing: Development Research Center of the State Council.

Guo, J. and Zhang, Y. (2019), Can the internet block the widening income gap between urban and rural residents? An empirical study based on China's provincial panel data, *Shanghai Economy* 6.

Jia, J. (2019), Digital dividend or digital gap? How can digital inclusive finance narrow the income gap?, *Journal of Regional Financial Research* 12.

Li, Y. (2019), *The Formation Mechanism and Countermeasures for the Evolution of Inequality of Opportunity in My Country's Income Distribution*, [In Chinese], Research Report, Beijing: Development Research Center of the State Council.

Liu, S. (2001), *Beijing City Structure Improvement: Problems and Countermeasures*, [In Chinese], Research Report, Beijing: Development Research Center of the State Council.

Morgan Stanley (2019), *The Rise of China's Super-Cities: New Era of Urbanisation*, New York: Morgan Stanley.

Niu, Z. (2017), A study on the influence of big data on the modernisation of governance: A case study in Hebi Municipality, Henan Province, PhD thesis, China Agricultural University, Beijing.

Northam, R. M. (1979), *Urban Geography*. New York: John Wiley.

Picot, A. and Lorenz, J. (2010), *ICT for the Next Five Billion People: Information and Communication for Sustainable Development*, Berlin: Springer-Verlag. doi. org/10.1007/978-3-642-12225-5.

School of Transportation Engineering (2019), *Transformation of Transportation Technology and Urbanization in China*, [In Chinese], Shanghai: Tongji University.

State Infrastruction Commission of the People's Republic of China (1980), *Summary of National Urban Planning Conference*, [in Chinese], available from: www.mohurd.gov.cn/wjfb/200611/t20061101_155448.html.

Wang, X. and Fan, G. (2005), Analysis of the trend and influencing factors of China's income gap, *Economic Research Journal* (10).

World Bank (2007), *Structural Change and Energy Use: Evidence from China's Provinces*, China Working Paper Series No. 6, Washington, DC: World Bank Group.

World Bank (2019), *Improving the Measurement of Rural Women's Employment: Global Momentum and Survey Research Priorities*, Policy Research Working Paper, Washington, DC: World Bank Group.

World Bank, Development Research Center (DRC) and the People's Republic of China (2014), *Urban China: Toward Efficient, Inclusive, and Sustainable Urbanization*. Washington, DC: World Bank.

Yang, R. and Yang, C. (2019), The high-quality development measurement of the Yangtze River Economic Belt and the evolution of time and space, *Journal of Central China Normal University* 53(5).

Zhao, C., Zhu, H. and Huang, S. (2015), *Innovative Breakthrough: Why Shenzhen?*, [In Chinese], Research Report, Beijing: Development Research Center of the State Council.

Zheng, J., Sun, X., Jia, L. and Zhou, Y. (2019), Electric passenger vehicle sales and carbon dioxide emission reduction potential in China's leading markets, *Journal of Cleaner Production* 243: 118607. doi.org/10.1016/j.jclepro.2019.118607.

Zhou, Y. (2018), *Several Recommendations on the Development of New Energy Automobile Industry*, [In Chinese], Research Report, Beijing: Development Research Center of the State Council.

第五章　中国的税收中性化改革

徐琰超　陈晓光

一　引言

当中国长达数十年的高速经济增长逐步放缓以后，化解通过减税促进经济增长与维持财政收入目标之间的紧张关系，对各级政府而言显得迫在眉睫。1978~2011年，中国经济平均年增长率超过了9%。自2012年以来，中国进入了增速下降的新常态。在过去3年中，这种下行压力进一步加大。新的国内和国际经济形势给财政和货币政策带来了挑战。以降低税收和费用（减税降费）为特征的财税改革之所以成为关键，有三个原因。第一，扩张性的货币政策已经受到全球低利率的限制，不仅如此，由于担心资产泡沫和通货膨胀，货币政策预计将继续保持稳定。第二，通过公共投资来实现的传统财政刺激受限于边际效应递减。第三，人们普遍认为，中国的许多企业正因不断上升的成本和高额的税收而生存艰难。因此，减税降费似乎是中国政府不可避免的政策选择。

为了降低企业负担和恢复市场活力，近年来，中共中央、国务院陆续出台了减税降费的政策和措施。[①] 然而，鉴于当前的经济形势和财税体制，这些减税降费措施导致了财政收入的下降。2018年5月1日，政府将制造业

---

① 特别是2019年4月以来，中国制造业增值税税率已经从16%下降到13%。建筑业和其他行业的增值税税率从10%下降到9%。2019年3月22日，《经济日报》在头版发表了关于减税降费的报道《"史上最大规模"：减税降费措施如何落地见效？》（搜狐科技，2019）。

等行业的增值税税率从17%下降到16%，运输业等行业增值税税率从11%下降到10%。2018年5~12月，增值税减税规模约为2700亿元人民币。根据这一粗略计算，如果增值税税率减少1个百分点，财政每年的税收收入将减少462.86亿元，相当于2018年中国国内增值税收入的7.52%和一般公共预算收入的2.5%。这一数额超过了政府在文化、体育、传媒方面的总支出，接近政府在节能环保方面的总支出。2019年4月1日，财政部、国家税务总局和海关总署发布了第39号公告。该公告规定，对于中国的一般纳税人而言，进口货物应税销售额的增值税税率从16%调整为13%；最初适用10%税率的，调整为9%的税率。在2019年7月23日国家税务总局举行的新闻发布会上，收入规划核算司司长蔡自力称，2019年4~6月，增值税整体净减少达3185亿元（国家税务总局，2019b）。根据我们的测算，这3个月的增值税净减少额超过了2019年上半年国家财政在节能环保方面支出的总额。

税收收入的下降可能会损害经济。由于地方财政支出的刚性需求，减税降费可能会转化为减税增费。这一点不仅与地方政府的典型反应一致，同时也为近期税收和非税收入的数据所证实。[1] 如果这种情况发生，通过减税降费激发商业活力的政策目标将很难实现。Guo（2019）认为，持续的减税降费将显著影响各级政府的财政赤字和收入，并可能引发财政风险。由于缺乏新的税收来源，地方政府将不得不通过借贷来应对财政收入的下降，这可能会加剧地方债务问题。此外，税收下降可能会导致地方政府减少教育和公共安全支出，从而对社会公平、人力资本积累和社会稳定产生不利影响。[2]

中国财政政策面临的主要制约因素是，如何在确保财政收入的同时减税降费。中国学者提出了许多政策解决方案。[3] 在本章中，我们提出一项以

---

[1] 根据财政部2019年7月13日发布的《2019年上半年财政收支情况》，2019年上半年全国税收同比增长0.9%，非税收入同比增长21.4%（国家税务总局，2019a）。2019年5月10日，国务院总理李克强在企业减税降费专题座谈会上明确："坚决防止借各种名目乱收费"。（中国法院网，2019）Guo（2019）提出，在地方政府财政总收入中，一般公共预算收入的比例从2015年的46.4%下降到2018年的40.5%，而政府性基金收入的比例持续增加，从22.1%增加到29.9%。

[2] 地方政府收入减少后，教育支出大幅减少。

[3] 例如，Guo（2019）提出通过制定财政整合战略、加强财政治理和实施税式支出预算等措施应对减税降费带来的财政风险。

"税率削减和生产率提高"为特征的税收中性化改革——即通过降低法定税率（"税率削减"）、加强税收征管、降低企业间有效税率的差异和提升总体生产效率（"生产率提高"），使政府可以从更大的税基中维持税收收入。本章结合经典的 Allingham 和 Sandmo（1972）逃税模型、Hopenhayn（2014）的资源错配模型以及 Olley 和 Pakes（1996）的生产力理论，分析税收中性化改革的可行性。基于《全国地市县财政统计资料》的数据（财政部，2000～2007）和国家统计局开展的工业生产年度调查中企业层面的年度数据（国家统计局，2000～2007），我们将 2005 年农业税的废除视为对县政府的财政冲击，以研究该项政策对企业税收执行和后续分配效率的影响。基于简约式回归估计得到的关键参数，我们估计了税收中性化改革模式下增值税税率降低的下限。我们发现，改进税收征管可以减少企业之间的实际有效税率差异和提升总体生产率。估计结果表明，在所有公司统一按法定税率纳税的理想情况下，增值税税率可以降低到 13% 左右而不改变税收收入。

我们提出税收中性化改革的背景是，中国的税收征管面临着严重的问题。许多实证研究提供了地方政府具有自由裁量权的直接证据，即使在增值税的征收方面也是如此，而这种征管在以前被认为是得到了严格执行的。例如，Chen（2017b）将 2005 年中国取消农业税作为一个准自然实验，发现改革之后财政压力较大的县，其企业的增值税税率显著提高。Lu 和 Guo（2011）认为，税收征管的改善是税收增加的主要原因。

此外，柔性的税收征管导致了企业间有效税率的差异。当然，随着税率的简化和税收征管技术的应用，我们预计这种有效税率的差异将逐渐减少。然而令人惊讶的是，最近的几项研究表明，2007～2017 年，企业间有效税率的差异实际上并未下降（Bai et al.，2019；Lu，2019）。根据资源错配理论，企业间有效税率的差异将导致企业间资源的错配并降低全要素生产率（Restuccia & Rogerson，2008；Hsieh & Klenow，2009）。Chen（2017b）发现，中国的法定增值税税率与实际税率之间存在很大差异[1]，增值税税率差

---

[1]　Bai 等（2019）使用 2007～2015 年中国企业税收不平等调查数据发现，对中国企业而言，2009 年以来实际税率有所提高。Lu（2019）采用中国上市公司 2008～2017 年数据表明了在总税收、增值税和企业所得税等各个方面存在税收征管的自由裁量权，并且发现实际税率没有下降趋势。

异带来的全要素生产率的损失高达 7.9%。

中国现有的减税降费研究主要分析的是减轻企业负担，但是很少有人分析过宏观层面的资源配置或全要素生产率。我们的研究做出了以下贡献。第一，我们从理论上研究了税收中性化改革的可行性及其潜在机制，这些机制基于一个正反馈的循环，即"更低的税率→更好的税收征管和税收遵从→更高的生产率→更大的税基→更低的税率"。第二，我们使用了关键参数的估计量，计算了能够维持税收中性化改革的法定增值税税率的下限。

本章的其余部分组织如下：第二节提出了理论模型；第三节进行了实证研究；第四节找出税收中性化改革下增值税税率降低的下限；第五节是结论。

二　理论模型

本节提出了一个解释税收中性化改革关键机制的模型。该模型包含了企业的逃税行为、生产行为和政府的税收征管行为。该模型有两种机制。一方面，严格的税收征管可以减少企业间有效税率的差异，从而提高资源配置效率。另一方面，法定税率的降低可以带来更好的税收遵从，从而减少企业之间的有效税率差异，并进一步提高全要素生产率。最终，"税率降低和生产率的提升"形成了一个良性循环。为了验证理论模型是否符合中国当前的实际情况，我们通过模型形成了可检验的命题，用以指导我们的实证工作。

模型框架

假设所有的企业面临相同的法定税率 t。由于缺乏严格的税收征管，不同企业存在不同程度的逃税行为，τ_i 为企业 i 的实际有效税率。

定义 1：严格的税收征管是指，对于 $\forall i$，都有 $\tau_i = t$。税收征管的松懈意味着同时满足以下两个条件。

（1）某些企业的实际有效税率低于法定税率，即对于 $\forall i$，有 $\tau_i \leqslant t$；$\exists i$ 使得 $\tau_i < t$。

（2）不同企业之间的实际有效税率存在差异，即 var（τ_i）>0。[①]

我们假设参数 $\varepsilon \in [0, +\infty)$ 代表税收征管强度，var（τ_i）是关于 ε 的递减函数。当税收征管完全严格的时候，我们有 $\varepsilon \to +\infty$，var（τ_i）= 0。当税收征管异常松懈的时候，我们有：$\varepsilon = 0$，var（τ_i）$\to +\infty$。

令 y_i 为企业 i 的产出，p_i 是对应的产出价格，Y 是总产出，P 是总价格水平并且标准化为 1。政府税收收入如公式 5.1 所示。

$$T = \sum_i \tau_i p_i y_i = \bar{\tau} PY \qquad \text{公式 5.1}$$

在公式 5.1 中，$\bar{\tau} = \sum_i w_i \tau_i$ 表示宏观的实际有效税率，它是对各企业的实际有效税率进行加权平均得到的，权重函数是 $w_i = \dfrac{p_i y_i}{PY}$，其含义是：$\sum_i p_i y_i = PY$。

为了便于分析，我们假设生产函数满足 AK 的形式，k_i 是企业 i 的资本存量，总资本满足 $K = \sum_i k_i$。[②] 总量生产函数是：$Y = TFP \cdot K$，其中 TFP 表示总和全要素生产率。如果企业间实际有效税率存在差异，那么资源配置会导致 TFP 下降至低于 TFP^e 的水平，即低于资源得到有效配置时的总和全要素生产率水平。由于 $P = 1$，公式 5.1 可以写成公式 5.2 的形式。

$$T = \bar{\tau} \cdot TFP \cdot K \qquad \text{公式 5.2}$$

在公式 5.2 中，资本 K 是实际有效税率的函数。

在降低实际有效税率对投资影响很小的情况下，税收在拉弗曲线左侧上升处。降低税率与维持税收存在紧张的关系。为了简化分析，我们做了以下假设。

假设 1：$-d\ln K/d\ln\bar{\tau} < 1$。这就是说，净投资对宏观实际有效税率的弹性小于 1，即投资的税收激励较小。

一般而言，$\bar{\tau}$ 是法定税率 t 的函数。同时，税收征管水平 ε 同时也会影响 $\bar{\tau}$ 和 TFP。这些关系可以分别用 $\bar{\tau}$（$t; \varepsilon$）和 TFP（ε）来表示。

---

① 我们忽略了一种罕见情形，即对 $\forall i$，有 $\tau_i < t$ 和 var（τ_i）>0。

② Cobb-Douglas 生产函数的结论依然成立。为表述简便起见，我们使用了 AK 形式的模型。

假设2：当税收征管严格时（$\varepsilon \rightarrow +\infty$），我们有$\bar{\tau}(t;\varepsilon)=t$。当税收征管异常松懈时（$\varepsilon=0$），我们有：如果$t=0$，$\bar{\tau}=0$，那么$\bar{\tau}(0;\varepsilon)=0$。对于给定的税收征管强度$\varepsilon$，我们有$\bar{\tau}(t;\varepsilon)<t$，以及$0<\partial\bar{\tau}(t;\varepsilon)/\partial t\leqslant 1$。这就是说，当法定税率为0的时候，宏观实际有效税率也是0；宏观实际有效税率$\bar{\tau}$要低于法定税率t，并随着法定税率的上升而上升。

假设3：$\partial\bar{\tau}(t;\varepsilon)/\partial\varepsilon>0$，$\mathrm{d}TFP(\varepsilon)/\mathrm{d}\varepsilon>0$。无论是宏观实际有效税率$\bar{\tau}(t;\varepsilon)$还是$TFP(\varepsilon)$都随着税收征管强度$\varepsilon$的上升而上升。

基于假设1~3，我们将分析当税收征管强度ε取不同值时，拉弗曲线有哪些不同的性质。

拉弗曲线反映了在给定税收征管强度水平时，税收收入T与法定税率t之间的关系。根据以上分析，我们知道：$T(t;\varepsilon)=\bar{\tau}(t;\varepsilon)\cdot TFP(\varepsilon)\cdot K(\bar{\tau}(t;\varepsilon))$。

给定税收征管强度ε，税收收入$T(t;\varepsilon)$和法定税率t之间的关系就是拉弗曲线，且$\partial\bar{\tau}(t;\varepsilon)/\partial t$表示拉弗曲线的单调性。给定法定税率$t$，税收收入$T(t;\varepsilon)$会随着税收征管强度$\varepsilon$的改变而改变，而不同的$\varepsilon$值对应着不同的拉弗曲线。

记满足完全严格税收征管（$\varepsilon\rightarrow +\infty$）条件的拉弗曲线为$T^{e}(t)$，以及满足松懈税收征管条件的拉弗曲线为$T(t;\varepsilon)$，有下面两个命题成立。

命题1：在假设1~3的条件下，拉弗曲线$T(t;\varepsilon)$随着法定税率t单调递增。税收征管强度较低的拉弗曲线位于税收征管强度较高的拉弗曲线之下。

因为拉弗曲线$T(t;\varepsilon)$随着法定税率t单调递增，那么降低法定税率将不可避免地导致税收收入下降。然而命题2表明，通过加强税收征管，政府可以降低税率并确保收入不变，这意味着通过降低税率来启动税收中性改革是可行的。

命题2：在税收收入不变的条件下，$T(t;\varepsilon)\equiv\bar{T}$，我们有：$\Delta t=-\dfrac{\partial T/\partial\varepsilon}{\partial T/\partial t}\cdot\Delta\varepsilon$，这就是说，法定税率$t$和税收征管强度$\varepsilon$反向变化。

命题1和命题2如图5.1所示，其中横轴表示法定税率，纵轴表示税收收入。$T^{e}(t)$表示在完全严格税收征管条件下的拉弗曲线。$T(t;\varepsilon_0)$是法

定税率为 t、税收征管水平为 ε_0 时的拉弗曲线。当法定税率为 t_0 时，税收收入为 $\overline{T}$。均衡点位于 A 点。当法定税率不变、税收征管强度从 ε_0 增加为 ε_1 时，拉弗曲线从 $T\ (t;\varepsilon_0)$ 抬升到 $T\ (t;\varepsilon_1)$，均衡点变为 B 点，并且 B 点对应的税收收入高于 $\overline{T}$。在税收中性化改革中，我们可以将法定税率下降至 t_1，并使均衡点从 B 点移动到 C 点。随着均衡点从 A 点移动到 C 点，总税收收入保持不变，但是税收征管强度从 ε_0 增加为 ε_1，法定税率从 t_0 下降到 t_1。从 A 点到 B 点的税收收入 T 的变动，可以用 $\partial T/\partial \varepsilon$ 来刻画，而从 B 点到 C 点的总税收收入 T 的变动，可以用 $\partial T/\partial t$ 来刻画。

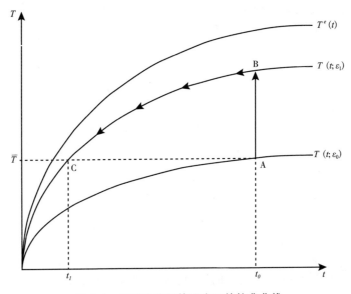

图 5.1　不同税收征管强度下的拉弗曲线

拉弗曲线的微观基础

本小节为图 5.1 所示的拉弗曲线提供了微观基础，由两部分组成：企业逃税行为和企业生产行为。为了便于分析，该模型假设企业的税务和生产由不同的部门处理。企业的财务部门负责税务，生产部门负责雇用劳动力和生产商品。

企业逃税行为分析

本节借鉴 Allingham 和 Sandmo（1972）的经典模型，分析了在存在逃税的情况下，公司的实际有效税率如何受税务部门以下三项政策的影响：税务审计（概率η_i）、逃税惩罚（变量F_i）、法定税率t。在上述模型中，法定税率t适用于所有企业，但由于税收自由裁量权和税收征管成本差异的存在，η_i和F_i在不同的企业之间有所不同，结果导致不同企业具有不同的实际有效税率τ_i，从而进一步产生资源错配并降低了总和全要素生产率。

假设政府部门对销售收入征税，企业i的销售收入为s_i，法定税率为t，企业向税务部门报告的销售收入为x_i，那么总的逃税额为$t(s_i-x_i)$。政府对企业i进行税务审计的概率为η_i。一旦存在税务审计，企业逃税行为就会被发现。企业不仅需要支付全额税款，还要面临罚款$F_i \cdot (s_i-x_i)$，其中F_i是一个固定的常数。为了便于计算，我们假设企业财务部门的效用函数如公式5.3所示。

$$\max_{x_i}(1-\eta_i)u(c_n)-\eta_i u(c_f) \qquad \text{公式 5.3}$$

在公式5.3中，$u(\cdot)$是企业的效用函数；$c_n=s_i-t\,x_i$表示企业逃税未被抓到的税后收入，否则，$c_f=(1-t)s_i-F_i \cdot (s_i-x_i)$表示企业缴纳税款和罚款后的净收入。

企业的最优税收声明决策x_i^*，由以下的一阶条件所决定。

$$\frac{(1-\eta_i)}{(F_i\eta_i)}=\frac{u'[(1-t)s_i-F \cdot t(s_i-x_i^*)]}{u'(s_i-t\,x_i^*)} \qquad \text{公式 5.4}$$

在x_i^*确定的情况下，企业的平均实际有效税率见公式5.5。

$$\tau_i=\left[(1-\eta_i)\frac{x_i^*}{s_i}+\eta_i\right] \cdot t \qquad \text{公式 5.5}$$

命题5~6解释了税收征管强度ε如何影响实际有效税率的均值$\bar{\tau}$和方差$\text{var}(\tau_i)$。

假设4：假设$-\partial\ln w_i/\partial\ln \tau_i<1$，税基相对于实际有效税率的弹性小于1。（$w_i=\dfrac{p_iy_i}{PY}$，可以参考公式5.1）

基于上述模型和假设4，我们可以获得命题3~5，结合假设5，我们可以获得命题6~7。

命题 3：随着法定税率的提高，企业面临的实际有效税率提高，经济整体的宏观实际有效税率也会提高。这就意味着对于企业 i，$\partial \tau_i / \partial t > 0$。结合假设 4，我们有 $\partial \bar{\tau} / \partial t > 0$。

命题 4：加强处罚和检查力度可以提高实际有效税率。这意味着对于任何企业 i，我们都有 $\partial \tau_i / \partial F_i > 0$，$\partial \tau_i / \partial \eta_i > 0$。

命题 5：公平对待所有纳税人将可以减少企业之间的实际有效税率差异，即 $\partial F_i / \partial \varepsilon > 0$。

命题 4~5 意味着 $\partial var\left(\tau_i\right) / \partial var\left(F_i\right) > 0$ 以及 $\partial var\left(\tau_i\right) / \partial var\left(\eta_i\right) > 0$。

假设 5：对于任意企业 i，我们有 $\partial F_i / \partial \varepsilon \geqslant 0$。对于企业 i，我们有 $\partial F_i / \partial \varepsilon > 0$ 及 $\partial var\left(F_i\right) / \partial \varepsilon < 0$。对于任意企业 i，我们有 $\partial \eta_i / \partial \varepsilon \geqslant 0$。对于企业 i，我们有 $\partial \eta_i / \partial \varepsilon > 0$ 及 $\partial var\left(\eta_i\right) / \partial \varepsilon < 0$。这就意味着，当税收征管强度 ε 增大时，逃税惩罚 F_i 或税务审计概率 η_i 都会上升，并且政府对不同企业的惩罚或审计概率的自由裁量权减少。

命题 6：在假设 4~5 的条件下，$\partial \bar{\tau} / \partial \varepsilon > 0$。

命题 7：在假设 4~5 的条件下，$dvar\left(\tau_i\right) / d\varepsilon < 0$。

企业的生产决策

本小节分析企业实际有效税率 τ_i 的分布与总和全要素生产率之间的关系。企业生产函数采取公式 5.6 所示的 AK 形式。

$$y_i = A_i k_i \qquad \text{公式 5.6}$$

在方程 5.6 中，y_i 是企业 i 的产出，k_i 是资本存量。假设企业处于一个垄断竞争型的行业，企业的需求函数是：$p_i = Q^{-\theta}$。

企业的利润最大化问题是：$\max\limits_{k_i}\left(1 - \tau_i\right) A_i^{(1-\theta)} k_i^{(1-\theta)} - r k_i$，其中，$\tau_i$ 是企业 i 的实际有效税率。上述问题的解是：$k_i = A_i^{\frac{1-\theta}{\theta}}\left(1 - \tau_i\right)^{\frac{1}{\theta}}\left(1 - \theta\right)^{\frac{1}{\theta}} r^{\frac{1}{\theta}}$。

对应地，企业 i 的最优产出如公式 5.7 所示。

$$y_i = A_i^{\frac{1}{\theta}}\left(1 - \tau_i\right)^{\frac{1}{\theta}}\left(1 - \theta\right)^{\frac{1}{\theta}} r^{\frac{1}{\theta}} \qquad \text{公式 5.7}$$

所有企业的总资本可见公式 5.8。

$$K = \sum_{i=1}^{N} k_i = \left(1 - \theta\right)^{\frac{1}{\theta}} r^{\frac{1}{\theta}} \sum_{i=1}^{N} A_i^{\frac{1-\theta}{\theta}}\left(1 - \tau_i\right)^{\frac{1}{\theta}} \qquad \text{公式 5.8}$$

依据 Olley 和 Pakes（1996）对 TFP 的定义，我们得到公式 5.9。

$$TFP = \sum_{i=1}^{N} \frac{y_i}{\sum_{i=1}^{N} y_i} \cdot A_i \qquad\qquad \text{公式 5.9}$$

将公式 5.7 代入到公式 5.9 中，我们可以得到公式 5.10。

$$TFP = \frac{\sum_{i=1}^{N} A_i^{\frac{1+\theta}{\theta}} (1 - \tau_i)^{\frac{1}{\theta}}}{\sum_{i=1}^{N} A_i^{\frac{1}{\theta}} (1 - \tau_i)^{\frac{1}{\theta}}} \qquad\qquad \text{公式 5.10}$$

假设 $\ln A_i$ 和 $\ln(1-\tau_i)$ 满足联合正态分布，这两个随机变量的相关系数为 $-\rho$（$\rho > 0$）。根据公式 5.10，我们可以证明 $\log TFP$ 可以表述为公式 5.11。

$$\log TFP = \overline{\ln A_i} + \frac{2+\theta}{\theta} var(\ln A_i) - \frac{\rho}{\theta} \sqrt{var(\ln A_i)} \cdot \sqrt{var[\ln(1-\tau_i)]}$$

公式 5.11

公式 5.11 表明，实际有效税率的方差越大，资源配置的效率越低。

税收征管强度 ε 对加总全要素生产年的影响

基于以上两小节的结果，我们对税收征管强度和总和全要素生产率的关系总结如下。

命题 8：$\partial \ln TFP / \partial \varepsilon > 0$。

到目前为止，命题 3、命题 6 和命题 8 为第 2 节的假设 2~3 提供了微观基础。现在，我们转向对三个关键假设的实证检验。

三　实证检验

原假设和实证策略

基于第二节的理论分析，我们提出了以下可检验的假说。

假说 1：当法定税率保持不变时，企业的实际有效税率会随着地区财政压力的增加而增加（即假设 3）。

假说 2：当法定税率保持不变时，随着地区财政压力的增加，生产要素（资本存量、劳动力）减少的百分比要低于实际有效税率增加的百分比（即假设 1）。

假说 3：当法定税率保持不变时，各企业实际有效税率的方差会随着地区财政压力的增加而减小。而且当$\ln A_i$和$\ln(1-\tau_i)$负相关时，总体的资源配置效率提升（即假设 3）。

Chen（2016、2017a）使用农业税的废除作为一个准自然实验来检验假说 1。我们使用类似的实证策略来检验假说 2 和假说 3。

数据来源

本章的实证研究考察了财政压力是否影响了中国制造业企业实际有效税率的差异并最终提升了制造业的资源配置效率。为此，我们使用两个数据集进行了定量分析：国家统计局开展的工业生产年度调查（国家统计局，2000~2007），其中包含年销售额超过 500 万元的所有国有和非国有企业，以及《全国地市县财政统计资料》（财政部，2000~2007）。选择这两种数据的主要原因是，前者可以相对精确地计算每个企业的实际有效增值税税率，后者可以计算地方政府面临的财政压力。

主要变量的测度

外生的财政压力冲击

借鉴 Chen（2017a），我们使用公式 5.12 来测度中国 2005 年废除农业税以后产生的财政压力。

$$Agr_c = \frac{Agr\_tax_{c,2000-2004} + Subsidy_{c,2000-2004}}{Total\_tax_{c,2000-2004}} - \frac{Subsidy_{c,2005-2007}}{Total\_tax_{c,2005-2007}} \qquad \text{公式 5.12}$$

在公式 5.12 中，$Agr\_tax_{c,2000-2004}$表示县级层面 2000~2004 年的农业税总和；$Subsidy_{c,2000-2004}$和$Subsidy_{c,2005-2007}$分别表示县级层面 2000~2004 年和 2005~2007 年农村税制改革相关的转移支付总和；$Total\_tax_{c,2000-2004}$和$Total\_tax_{c,2005-2007}$分别表示县级层面 2000~2004 年和 2005~2007 年的税收收入总和。

我们使用$Agr_c \times Post_t$来代表不同县级层面在不同时期面临的财政压力冲

击，其中 $Post_t$ 表示农业税废除前后年份的虚拟变量。如果 $t>2004$，则 $Post_t$ 取值为 1，否则取值为 0。[①]

实际有效增值税税率及其方差

通过使用企业层面数据，我们可得到每个企业实际有效增值税税率，并进一步在年度-县-（两位代码）行业层面计算不同企业实际有效增值税税率的方差。如公式 5.13 所示。

$$\mathrm{var}(Tau_{cjt}) = \mathrm{var}[\ln(1 - \tau_{cjit})] \qquad \text{公式 5.13}$$

下标 c、j、t 和 i 分别表示县、（两位代码）行业、年度和企业，τ_{cjit} 是各企业的实际有效增值税税率，并被定义为企业层面的"应付增值税/增加值"。

总和全要素生产率

借鉴 Bartelsman 等（2013）的研究，我们使用 Olley 和 Pakes（1996）的生产力分解方法来计算 TFP，如公式 5.14 所示（为便于标注，我们省略了县和行业的下标 c 和 j）。

$$TFP_t = \overline{TFP_t} + \sum_{i=1}^{N} (s_{it} - \overline{s_t})(TFP_{it} - \overline{TFP_t}) \qquad \text{公式 5.14}$$

在公式 5.14 中，TFP_t 是使用企业规模作为权重的平均全要素生产率，$\overline{TFP_t}$ 是各企业全要素生产率的算术平均值；$\sum_{i=1}^{N} (s_{it} - \overline{s_t})(TFP_{it} - \overline{TFP_t})$ 代表资源配置效率，我们称之为"OP 协方差"。其中，s_{it} 表示单一企业产出在总产出中的比例；TFP_{it} 是企业 i 在 t 年的生产率；$\overline{s_t}$ 是每个企业 i 的 s_{it} 的均值序列。

我们使用四种方法来测算 TFP_{it}：LP 方法（Levinsohn & Petrin，2003）、普通最小二乘法（OLS）、ACF 方法（Ackerberg et al.，2015）以及 OP 方法（Olley & Pakes，1996）。

---

① 尽管农业税的取消是从 2006 年 1 月 1 日开始的，但从税收数据来看，全国范围内大规模的完全减收农业税实际发生在 2005 年。

在我们的实证研究中，总和全要素生产率使用 OP 协方差来测度，即使用公式 5.14 右侧的第二项来表示。特别地，s_{it} 表示单一企业产出在年度-县-（两位代码）行业层面的总产出中所占比例；TFP_{it} 是企业 i 在 t 年的全要素生产率的对数，$\overline{TFP}_t$ 是年度-县-（两位代码）行业层面的企业全要素生产率的对数的算术平均值。简便起见，我们使用 LOG（TFP）（OP 协方差）表示总和全要素生产率（见表 5.3）。

控制变量

关键控制变量如下。

（1）$\ln(1-\tau_{cijt})$ 的均值。为了和公式 5.13 保持一致，我们首先计算了每个企业的 $\ln(1-\tau_{cijt})$，然后在年度-县-（两位代码）行业层面计算了 $\ln(1-\tau_{cijt})$ 的均值。

（2）赫芬达尔指数，基于年度-县-（两位代码）行业层面的企业销售收入计算得到。

（3）对于企业层面的产出取了年度-县-（两位代码）行业层面的均值，然后取对数得到。简便起见，在回归结果的表格中被简化为"LOG（平均产出）"。

（4）平均加成，我们首先依据 De Loecker 和 Warzynski（2012）的方法测算了每个企业的加成，然后计算企业水平加成在年度-县-（两位代码）行业层面的均值。

（5）出口销售率，定义为在年度-县-（两位代码）行业层面的总出口/总销售收入。

（6）同一行业内人均资本存量的对数，我们首先在年度-县-（两位代码）行业层面计算了总资本存量和总劳动力，然后计算了人均资本存量并取对数。简便起见，我们在回归结果的表格中使用"LOG（人均资本存量）"。

（7）不同所有制资本占总资本的比例。首先，我们分别计算每个企业总资本中的国有资本、集体资本和外国资本的比例，然后在年度-县-（两位代码）行业层面计算上述比例的均值。简便起见，我们在回归结果的表格中使用"国有资本比例"、"集体资本比例"和"外国资本比例"。

描述性统计

表 5.1 展示了涉及年度–县–（两位代码）行业层面回归的所有变量的描述性统计。

表 5.1　相关变量的描述性统计

变量名	样本量	均值	标准差	最小值	最大值
加总 TFP（LP 法）	72523	0.0270	0.089	−1.500	1.8880
加总 TFP（OLS 法）	72523	0.0030	0.077	−1.389	1.7550
加总 TFP（ACF 法）	72523	0.0110	0.080	−0.961	1.3740
加总 TFP（OP 法）	72523	0.0150	0.082	−1.300	1.6990
var（Tau）	71648	0.0156	0.027	0.000	0.1960
$Agr{\times}Post$	68980	0.0840	0.112	−0.646	1.2000
Agr	68980	0.1580	0.158	−0.646	1.2000
FP	46743	−0.0150	0.072	−0.277	0.2247
ln（$1-\tau_{cijt}$）的均值	72523	−0.1370	0.085	−0.874	0.0000
平均加成	72523	1.3350	0.446	0.669	42.0240
LOG（平均产出）	72523	10.3800	0.784	7.425	13.5520
LOG（人均资本存量）	72523	3.8260	0.795	−1.350	8.2390
赫芬达尔指数	72523	0.3180	0.174	0.006	0.9840
出口销售率	72523	0.1110	0.198	0.000	0.9990
国有资本比例	72503	0.0590	0.136	0.000	1.0000
集体资本比例	72503	0.1170	0.188	0.000	1.0000
外国资本比例	72503	0.1060	0.184	0.000	1.0000

关键变量的变动

财政压力和实际有效增值税税率的变动

图 5.2 表明，财政压力最大的地区，其实际有效增值税税率的增长幅度最大。这一点与 Chen（2017a）的研究结果一致。

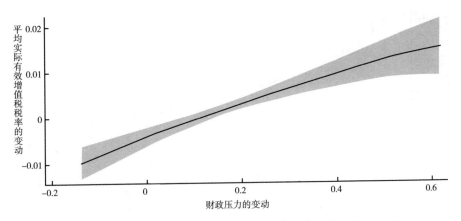

图 5.2　财政压力和平均实际有效增值税税率的变动（改革前后对比）

注：对纵轴变量，首先我们分别计算了 2005~2007 年及 2000~2004 在县－（两位代码）行业水平上的平均实际有效增值税税率。然后用 2005~2007 年的平均实际有效增值税税率减去 2000~2004 年的均值，得到了平均实际有效增值税税率随时间的变动。

对横轴变量，首先，我们分别计算了 2005~2007 年及 2000~2004 年在县－（两位代码）行业水平上 Agr×Post 的均值。然后用 2005~2007 年的均值减去 2000~2004 年的均值得到财政压力随时间的变化。图中的阴影区域为 95% 的置信区间。

财政压力的变化以及实际增值税税率的方差

图 5.3 显示，财政压力最大的地区，实际有效增值税税率的方差下降程度是最大的。

财政压力和总和全要素生产率的变化

图 5.4 显示了财政压力对总和全要素生产率的影响，通过采用 LP、OLS、ACF 和 OP 四种方法测度的总和全要素生产率并分别展示在面板 a、b、c、d 中。

$\ln A_i$ 和 $\ln(1-\tau_i)$ 的相关系数

命题 8 和假说 3 表明，如果 $\ln A_i$ 和 $\ln(1-\tau_i)$ 负相关，那么加强税收征管可以提升总和全要素生产率。数据显示，$\ln A_i$ 和 $\ln(1-\tau_i)$ 的相关系数大约是 0.022（LP 法）、-0.027（OLS 法）、-0.028（ACF 法）和 -0.025（OP 法）。

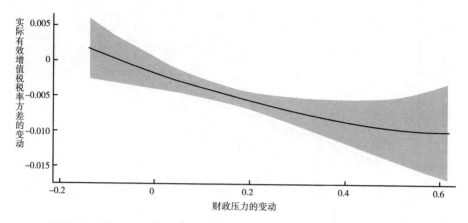

图 5.3 财政压力和实际有效增值税税率方差的变动（改革前后的对比）

注：对横轴变量，首先我们分别计算了 2005~2007 年以及 2000~2004 年县－（两位代码）行业水平上实际有效增值税税率方差的均值。然后，我们使用 2005~2007 年均值减去 2000~2004 年均值得到实际有效增值税税率方差随时间的变动。对纵轴变量，首先我们分别计算了 2005~2007 年以及 2000~2004 年县－（两位代码）行业水平上 Agr×Post 的均值。然后，我们使用 2005~2007 年均值减去 2000~2004 年均值得到财政压力的变动。图中的阴影区域表示 95% 的置信区间。

回归设定

双重差分模型设定如公式 5.15 所示。

$$y_{cjt} = \alpha \times Agr_c \times Post_t + \beta \times Agr_c + X_{cjt} \times \theta + \gamma_t + \eta_{cj} + \varepsilon_{cjt} \qquad \text{公式 5.15}$$

在公式 5.15 中，下标 c、j、t 分别表示县、（两位代码）行业和年度。被解释变量 y_{cjt} 分别取 var（Tau）（实际有效增值税税率的方差）和加总 TFP（OP 协方差），并分别对应公式 5.13 和公式 5.14 的变量定义。[①] 公式 5.15 右边 Agr_c 的测度就是公式 5.13。$Post_t$ 是虚拟变量，它表示是否废除农业税，如果 $t>2004$，那么它取值为 1，否则取值为 0；X_{cjt} 是企业特征的控制变量向量（县－（两位代码）行业－年度水平）；γ_t 是年度固定效应；η_{cj} 是县－（两位代码）行业固定效应；ε_{cjt} 是随机误差项。关心的参数是 α。

---

① 在本章中，企业在年度－县－（两位代码）行业层面上进行分类，有可能某些样本中企业数量很少。为了避免这一问题造成的估计偏差，我们将企业数低于 2 家的样本删除。参与回归的平均企业数为 9 家，最多为 479 家，最少为 3 家。为了进一步检验回归的敏感性，我们通过将企业数下限设为 4 家和 5 家来获得样本并进行敏感性分析。

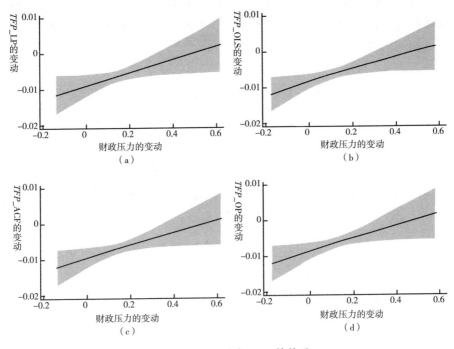

图 5.4 财政压力与 *TFP* 的关系

注：对纵轴变量，首先我们根据公式 5.3 右侧的第二个分量（OP 协方差），计算 2005～2007 年以及 2000～2004 年县-（两位代码）行业水平上的加总 TFP 均值（*TFP_* LP，*TFP_* OLS，*TFP_* ACF，*TFP_* OP），然后分别使用 2005～2007 年均值减去 2000～2004 年均值，从而构建 *TFP_* LP 的变动、*TFP_* OLS 的变动、*TFP_* ACF 的变动、*TFP_* OP 的变动。对横轴变量，首先，我们分别计算了 2005～2007 年以及 2000～2004 年县-（两位代码）行业水平上 *Agr×Post* 的均值，然后分别使用 2005～2007 年均值减去 2000～2004 年均值。根据公式 5.12，我们得到了财政压力的测度。图中的阴影区域表示 95% 的置信区间。

四 回归结果

财政压力冲击和实际有效增值税率的方差

回归结果见表 5.2。第（1）列，我们在行业层面控制了年度固定效应和平均的 ln（1-τ）。结果显示，实际有效增值税税率的方差随着财政压力的上升显著（5% 置信水平）下降。第（2）列包含了额外的控制变量。在第（3）列，我们额外控制了县-（两位代码）行业固定效应。第（2）列和第（3）列中的估计值表明，同一行业中企业实际有效增值税税率的方差随着地区财政压力的上升而下降。第（4）和第（5）列将回归样本分别约束到县-（两位代码）行业企业数量大于 3 和大于 4 的情况，并重新执行第（3）列的回归。

表 5.2　财政压力和实际增值税税率的方差

	被解释变量:var(Tau)（实际有效增值税税率的方差）				
	（1）	（2）	（3）	（4）	（5）
Agr×Post	−0.006*	−0.007*	−0.009***	−0.008***	−0.007**
	（0.002）	（0.002）	（0.003）	（0.003）	（0.003）
Agr	0.000	0.006**			
	（0.002）	（0.002）			
行业平均的 ln（1−τ）	−0.195***	−0.198***	−0.267***	−0.262***	−0.249***
	（0.004）	（0.005）	（0.008）	（0.011）	（0.012）
平均加成		−0.001**	−0.000	−0.000	−0.000
		（0.000）	（0.000）	（0.000）	（0.000）
LOG（平均产出）		0.000*	0.001	0.001	0.000
		（0.000）	（0.000）	（0.000）	（0.000）
LOG（人均资本存量）		0.000*	−0.000*	−0.001*	−0.000
		（0.000）	（0.000）	（0.000）	（0.000）
赫芬达尔指数		0.007***	−0.003***	−0.002*	−0.000
		（0.001）	（0.001）	（0.001）	（0.002）
出口销售率		−0.001	0.002*	0.002	0.002
		（0.001）	（0.001）	（0.001）	（0.001）
国有资本比例		−0.003***	−0.007***	−0.008***	−0.006***
		（0.001）	（0.001）	（0.002）	（0.002）
集体资本比例		0.002**	0.001	0.001	0.001
		（0.001）	（0.001）	（0.001）	（0.001）
外国资本比例		0.013***	0.007***	0.006**	0.005**
		（0.001）	（0.002）	（0.002）	（0.002）
常数项	−0.011***	−0.020***	−0.024***	−0.024***	−0.020***
	（0.001）	（0.002）	（0.003）	（0.004）	（0.004）

	被解释变量:var(Tau)(实际有效增值税税率的方差)				
	(1)	(2)	(3)	(4)	(5)
年度固定效应	是	是	是	是	是
县-(两位代码)行业固定效应	否	否	是	是	是
企业数量	>2	>2	>2	>3	>4
R²	0.378	0.388	0.629	0.631	0.636
样本量	68980	68960	66382	49177	38395

注: * 在10%水平上显著；** 在5%水平上显著；*** 在1%水平上显著。括号中数字表示在县一级层面上的聚类标准误。

财政压力冲击和总和全要素生产率的变化

表5.3 显示了财政压力与总和全要素生产率之间的回归结果。第（1）列和第（4）列中总和全要素生产率分别用 LP、OLS、ACF 和 OP 法进行测算。表5.3 面板 A 的回归将样本约束到同一行业中企业数量大于 2 家的情况。从交互项的系数可以看出，随着财政压力的增加，总和全要素生产率显著上升。为进一步调查年度-（两位代码）行业水平的企业数是否会影响回归结果，我们使用年度-（两位代码）行业水平上企业数大于 3 家以及企业数大于 4 家的样本进行回归。这两个结果显示在表5.3 的面板 B 和面板 C 中，结果与面板 A 基本相同。

表5.3　财政压力和 LOG（TFP）（OP 协方差）

	被解释变量:LOG(TFP)(OP 协方差)			
	(1)	(2)	(3)	(4)
TFP 估计方法	LP	OLS	ACF	OP
	面板 A:同一行业中企业数超过 2 家			
Agr×Post	0.051 ***	0.039 ***	0.045 ***	0.048 ***
	(0.009)	(0.008)	(0.008)	(0.008)

续表

	被解释变量:LOG(TFP)(OP 协方差)			
	(1)	(2)	(3)	(4)
TFP 估计方法	LP	OLS	ACF	OP
面板 A:同一行业中企业数超过 2 家				
ln(1−τ)的行业均值	0.003	0.002	0.003	0.002
	(0.006)	(0.005)	(0.006)	(0.006)
平均加成	−0.017***	−0.015***	−0.016***	−0.017***
	(0.005)	(0.006)	(0.005)	(0.005)
LOG(平均产出)	−0.025***	−0.020***	−0.023***	−0.023***
	(0.002)	(0.001)	(0.001)	(0.001)
LOG(人均资本存量)	−0.002**	−0.003***	−0.001	−0.002**
	(0.001)	(0.001)	(0.001)	(0.001)
赫芬达尔指数	0.034***	−0.003	0.006	0.013**
	(0.006)	(0.005)	(0.006)	(0.006)
出口销售率	0.009*	−0.003	0.002	0.004
	(0.005)	(0.005)	(0.004)	(0.004)
国有资本比例	0.016***	0.005	0.010**	0.011**
	(0.005)	(0.005)	(0.005)	(0.005)
集体资本比例	−0.011***	−0.011***	−0.009***	−0.011***
	(0.004)	(0.003)	(0.003)	(0.003)
外国资本比例	−0.017***	−0.010*	−0.012**	−0.014**
	(0.006)	(0.005)	(0.005)	(0.005)
常数项	0.306***	0.247***	0.247***	0.283***
	(0.018)	(0.016)	(0.016)	(0.017)
年度固定效应	是	是	是	是
县-(两位代码)行业固定效应	是	是	是	是
R^2	0.433	0.469	0.443	0.437
样本量	66382	66382	66382	66382

续表

	被解释变量:LOG(TFP)(OP 协方差)			
	(1)	(2)	(3)	(4)
TFP 估计方法	LP	OLS	ACF	OP
	面板 B:同一行业中企业数超过 3 家			
Agr×Post	0.057 ***	0.045 ***	0.051 ***	0.054 ***
	(0.012)	(0.009)	(0.010)	(0.011)
	面板 C:同一行业中企业数超过 4 家			
Agr×Post	0.053 ***	0.042 ***	0.048 ***	0.051 ***
	(0.013)	(0.010)	(0.012)	(0.012)

注：* 在10%水平上显著；** 在 5%水平上显著；*** 在 1%水平上显著。括号中的数字表示在县一级层面上的聚类标准误。面板 B 和面板 C 中回归的控制变量与面板 A 中相同。

动态效应

在本节中，我们展示了财政压力分别对实际有效增值税税率方差（见图 5.5）和总和全要素生产率（见图 5.6）的影响。在图 5.5 和图 5.6 中，Befor4，Befor3，Befor2 和 Befor1 表示 *Agr* 与 2001 年、2002 年、2003 年和 2004 年对应虚拟变量的交互项；After1 和 After2 分别代表 *Agr* 与 2006 年、2007 年对应虚拟变量的交互项。

财政压力与实际有效增值税税率方差的影响

图 5.5 显示了财政压力对实际有效增值税税率方差的影响在改革之前不显著。但是在改革 1 年以后，财政压力对实际有效增值税税率方差表现出负向效应。

财政压力与总和全要素生产率的影响

图 5.6 描述了财政压力对总和全要素生产率的影响，该总和全要素生产率是基于 LP、OLS、ACF 和 OP 四种方法测算企业 TFP 之后，通过 OP 协方差计算得到的。数据显示，改革前的影响并不显著，但财政压力对改革当年

总和全要素生产率产生了显著的正向影响。此外，随着时间的推移，这种效应在逐渐增强。

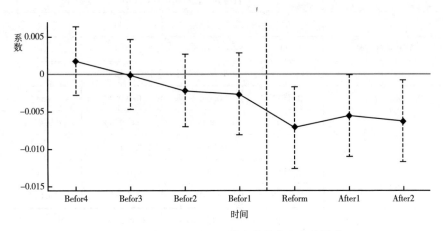

图 5.5   财政压力对实际增值税税率方差的影响

注：垂直线表示 95% 的置信区间；Befor4、Befor3、Befor2 和 Befor1 分别表示在改革前 4 年、前 3 年、前 2 年和前 1 年的效应。Reform 表示改革的当年的效应。After1 和 After2 分别表示改革后 1 年、后 2 年的效应。

数据来源：中国国家统计局。

五   中国可在多大程度上降低增值税税率？

在这一节，我们定量测算了在税收中性化改革中增值税税率可以降低的程度。

理论分析

第 2 节的理论模型表明，税收收入 $T\ (t;\varepsilon) = \bar{\tau}\ (t;\varepsilon)\ \cdot\ TFP\ (\varepsilon)\ \cdot\ K$ $(\bar{\tau}\ (t;\varepsilon))$。$t$ 和 ε 之间的关系可以表述为公式 5.16。

$$\Delta t = -\frac{\partial T/\partial \varepsilon}{\partial T/\partial t} \cdot \Delta \varepsilon \qquad\qquad \text{公式 5.16}$$

公式 5.16 是在税收中性化改革背景下计算法定税率 t 可下降空间的基础。然而，由于税收征管强度的变动 $\Delta \varepsilon$ 是不可观测的，所以我们需要将公式 5.16 以下面的方式转变为可观测变量和待估参数的表述形式。

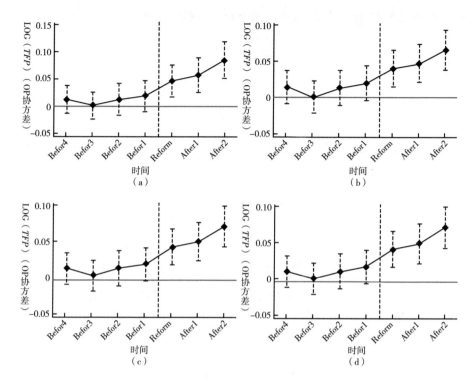

图 5.6　财政压力和 LOG（*TFP*）（OP 协方差）的动态效应

注：面板 a、b、c、d 的纵轴指标是总和全要素生产率，即依据公式 5.14 等号右侧第二个分量分别使用 LP、OLS、ACF 和 OP 法四种方法计算得到的加总 LOG（*TFP*）（OP 协方差）。垂直分割线代表 95% 的置信区间。Befor4、Befor3、Befor2 和 Befor1 分别表示在改革前 4 年、前 3 年、前 2 年和前 1 年的效应。Reform 表示改革的当年的效应。After1 和 After2 分别表示改革后 1 年、后 2 年的效应。

数据来源：中国国家统计局。

第一，当 t 是常数时，$\bar{\tau}$ 和 ε 之间是一一对应的，从而公式 5.16 中的 $\partial T/\partial \varepsilon$ 可以写为公式 5.17 的形式。

$$\partial T/\partial \varepsilon = \mathrm{d}T/\mathrm{d}\bar{\tau} \cdot \partial \bar{\tau}/\partial \varepsilon = \left[(1 - \eta_{\bar{\tau}}^{K}) + \eta_{\bar{\tau}}^{TFP} \right] \cdot \frac{T}{\bar{\tau}} \cdot \partial \bar{\tau}/\partial \varepsilon \qquad 公式 5.17$$

第二，当 ε 是常数的时候，$\bar{\tau}$ 与 t 是一一对应的，公式 5.16 中的 $\partial T/\partial t$ 可以写为公式 5.18。

$$\partial T/\partial t = \mathrm{d}T/\mathrm{d}\bar{\tau} \cdot \partial \bar{\tau}/\partial t = (1 - \eta_{\bar{\tau}}^{K}) \cdot \frac{T}{\bar{\tau}} \cdot \partial \bar{\tau}/\partial t \qquad 公式 5.18$$

在公式 5.17 和公式 5.18 中，两个弹性分别定义为：

$$\eta_{\bar{\tau}}^{K} \triangleq - \frac{\mathrm{d}\ln K}{\mathrm{d}\ln \bar{\tau}}$$

$$\eta_{\bar{\tau}}^{TFP} \triangleq - \frac{\mathrm{d}\ln TFP/\mathrm{d}\ln \varepsilon}{\partial \ln \bar{\tau}/\partial \ln \varepsilon}$$

在 t 为常数的条件下，我们知道 $\Delta \varepsilon = [\partial \bar{\tau} (t, \varepsilon) / \partial \varepsilon]^{-1} \cdot \Delta \bar{\tau}$。联合公式 5.16 和公式 5.18，我们得到公式 5.19。

$$\Delta t = - \frac{[(1 - \eta_{\bar{\tau}}^{K}) + \eta_{\bar{\tau}}^{TFP}]}{(1 - \eta_{\bar{\tau}}^{K}) \cdot \partial \bar{\tau}/\partial t} \cdot \Delta \bar{\tau} \qquad\qquad 公式 5.19$$

在公式 5.19 中，$\Delta \bar{\tau}$ 是税收征管强度 ε 变动引起的实际有效增值税税率的变动，而实际有效增值税税率是可观测的。为简便起见，我们将参数定义为公式 5.20。

$$\lambda \triangleq - \frac{\Delta t}{\Delta \bar{\tau}}\bigg|_{\bar{\tau} = \bar{\tau}} = \frac{[(1 - \eta_{\bar{\tau}}^{K}) + \eta_{\bar{\tau}}^{TFP}]}{(1 - \eta_{\bar{\tau}}^{K}) \cdot \partial \bar{\tau}/\partial t} \qquad\qquad 公式 5.20$$

λ 参数的经济含义在于，通过增加税收征管强度将实际有效税率 $\bar{\tau}$ 增加 1 个百分点和将法定税率 t 降低 λ 个百分点，可以使税收收入保持不变。

参数的估计

公式 5.20 显示，在税收中性化改革中，法定税率 t 可下降的幅度依赖于 $\eta_{\bar{\tau}}^{K}$ 和 $\eta_{\bar{\tau}}^{TFP}$。这两个弹性可以从前面回归的结果中推断出来。特别地，在废除农业税的准自然实验中，财政压力 ΔAgr 可以使用税收征管强度 ε 的变动作为外生驱动力。$\eta_{\bar{\tau}}^{K}$ 和 $\eta_{\bar{\tau}}^{TFP}$ 可以分别使用下面的两个公式进行测算：

$$\eta_{\bar{\tau}}^{TFP} = \frac{\Delta \ln TFP/\Delta Agr}{\Delta \ln \bar{\tau}/\Delta Agr}$$

$$\eta_{\bar{\tau}}^{K} = \frac{\Delta \ln K/\Delta Agr}{\Delta \ln \bar{\tau}/\Delta Agr}$$

弹性η_{τ}^{TFP}的测算

第一，根据表 5.3 的回归结果，我们知道 $\Delta\ln TFP/\Delta Agr = 0.046$。第二，我们使用公式 5.15 中的 y_{cjt} 和实际有效增值税税率 τ_{ijct} 作为被解释变量。回归结果显示在表 5.4 的第（1）列和第（2）列。第（1）列控制了年度固定效应、企业固定效应和企业人均增加值的对数，第（2）列额外控制了同一行业中企业的相对规模、加成、出口销售率、企业总资本中不同类型所有制资本所占的比例，以及县－（两位代码）行业固定效应。第（2）列中 $Agr \times$ $Post$（即 $\Delta\ln\bar{\tau}/\Delta Agr$）的系数是 0.048。给定 2005～2007 年实际有效增值税税率的均值大概是 12%，我们知道：$\Delta\ln\bar{\tau}/\Delta Agr = \left(\dfrac{\overline{\Delta\tau}}{\Delta Agr}\right)\Big/\bar{\tau} = 0.4$；于是，$\eta_{\tau}^{TFP} = 0.046/0.4 \approx 0.1$。

弹性η_{τ}^{K}的测算

η_{τ}^{K} 是企业生产要素投入对该企业实际有效税率的弹性。投入要素包括资本和劳动力。

我们使用公式 5.15 来测算财政压力对资本存量和劳动力的影响。表 5.4 显示了回归结果。第（3）列和第（4）列的被解释变量是企业员工人数的对数。第（5）列和第（6）列的被解释变量是资本存量的对数。第（3）列和第（5）列不含企业层面的控制变量，且财政压力对生产要素投入的影响不显著。第（4）列和第（6）列包含额外的控制变量：同一行业中企业的相对规模、加成、出口销售率以及企业总资本中不同所有制形式资本占比。回归结果仍然显示，财政压力对生产要素的影响无统计显著性。[①]

表 5.4 表明，$\Delta\ln L/\Delta Agr \approx \Delta\ln K/\Delta\ln Agr \approx 0$。

根据弹性的定义，我们知道 $\eta_{\tau}^{L} = \eta_{\tau}^{K} \approx 0$ 且 η_{τ}^{K} 非负。从公式 5.20 可知，一个更大的 η_{τ}^{K} 意味着一个更大的参数 λ，从而为税收中性化改革留出了更大的空间以降低名义税率 t。

---

① 这可能是因为，我们使用的样本没有覆盖较长时间，短期内生产要素调整相对缓慢，尚未显示出效果。

表 5.4　财政压力对实际增值税率和生产要素的影响①

被解释变量	（1）	（2）	（3）	（4）	（5）	（6）
	实际有效增值税税率		企业员工人数的对数		资本存量的对数	
Agr×Post	0.048 *** (0.009)	0.048 *** (0.009)	−0.017 (0.038)	−0.029 (0.038)	0.038 (0.072)	0.027 (0.068)
企业人均增加值的对数	−0.038 *** (0.001)	−0.043 *** (0.001)				
同一行业中企业的相对规模		0.154 *** (0.007)		2.028 *** (0.054)		2.812 *** (0.051)
加成		−0.001 ** (0.000)		0.021 *** (0.003)		0.035 *** (0.005)
出口销售率		0.019 *** (0.002)		−0.029 *** (0.011)		−0.046 ** (0.019)
固有资本比例		−0.012 *** (0.001)		0.110 *** (0.006)		0.199 *** (0.013)
集体资本比例		−0.000 (0.001)		0.009 * (0.005)		0.012 (0.008)
外国资本比例		−0.003 (0.002)		0.046 *** (0.007)		0.046 *** (0.013)
常数项	0.273 *** (0.004)	0.137 *** (0.006)	4.705 *** (0.003)	2.634 *** (0.055)	8.191 *** (0.006)	5.312 *** (0.053)
是否控制年度固定效应	是	是	是	是	是	是
是否控制县-（两位代码）行业固定效应	否	是	否	是	否	是
是否控制企业固定效应	是	是	是	是	是	是
R^2	0.622	0.625	0.916	0.922	0.867	0.873
样本量	732019	727874	732046	727898	732046	727898

注：* 在 10% 水平上显著；** 在 5% 水平上显著；*** 在 1% 水平上显著。括号中的数字表示县一级层面的聚类标准误。

———————

① 部分回归没有包含企业人均增加值的对数，因为当被解释变量是企业员工人数的对数和资本存量的对数时，企业人均增加值的对数是要素投入的结果变量，归入回归的控制变量中。

减税幅度的简单计算

根据上一小节的内容，我们可知：$\eta_\tau^{TFP} \approx 0.1$，$\eta_\tau^L = \eta_\tau^K \approx 0$。将其代入公式 5.20 中，我们得到公式 5.21。

$$\lambda = \frac{1.1}{\overline{\partial\tau/\partial t}} \qquad\qquad 公式 5.21$$

我们无法直接估算增值税的 $\overline{\partial\tau/\partial t}$，但是我们知道，在样本期内增值税的法定税率是 17%。在税收收入保持不变的条件下，给定 $\overline{\partial\tau/\partial t} = 1$，$\lambda$ 的最小值是 1.1，并且依据法律，单一增值税的法定税率是 14.38%。我们将税率设定为在税收中性化条件下最优增值税税率的上限。

此外，尽管到目前为止没有关于增值税的 $\overline{\partial\tau/\partial t}$ 的精确估计，但是这一章试图使用 2008 年企业所得税合并来作为 $\overline{\partial\tau/\partial t}$ 的粗略估计。在 2008 年，企业所得税合并主要是将本土企业和外资企业法定税率进行统一。作为国内企业法定税率降低的反应，我们发现改革后其实际有效税率降低，这与理论假设一致。具体而言，国内企业的法定所得税税率从 2007 年的 33% 下降至 25%（下降了 8 个百分点）。在 2007 年和 2008 年，规模以上国有企业和国内企业的平均所得税税率分别为 16% 和 14.7%（下降了 1.3 个百分点）。因此，$\overline{\partial\tau/\partial t} \approx$ 1.3/8 = 0.163。将上述结果代入公式 5.21 中，我们得到 $\lambda \approx 6.75$，这就表明，为了维持税收中性化改革，可能的法定增值税税率下限是 12.65%。[①]

总之，在税收中性化改革条件下，如果将增值税按单一法定税率进行管理，税率至少可以下降到 14.38%。此外，就像企业所得税合并显示的（效果）那样，如果我们还额外考虑到在实行较低税率以后有更好的税收遵从性，那么法定增值税税率可以下降到 12.65%。

六　结论

近年来，中国经济增长率受多种因素影响，整体呈增速下降趋势，因此

---

① 企业所得税合并政策的效应可能并没有充分反映出改革的年份。我们计算了 2010 年规模以上国有企业和国内企业的平均所得税税率为 11.7%，那么 $\overline{\partial\tau/\partial t} \approx 0.525$，$\lambda \approx 2.095$。此时，在税收中性改革条件下，政府完全依法征管的最佳增值税税率为 13.6%。

中国中央和省级政府试图通过减税来刺激经济。然而，这将导致政府税收收入的下降，从而引发对地方政府财政风险和债务问题的担忧。为了缓解这种紧张，我们建议通过改善税收征管、降低法定税率和提高生产率的方式进行税收中性化改革。

我们的理论模型解释了税收中性化改革的机制。为检验该理论，我们利用 2005 年取消农业税作为一个准自然实验，研究税收征管的改善如何减少企业间有效税率差异，从而提高总生产率。基于几个关键弹性的测算，我们估计了增值税税率下调的潜在空间。结果表明，法定增值税税率可以至少下降到 14.38%。不仅如此，当考虑到企业因法定税率下调而提升税收遵从性后，还可以进一步下降到 12.65%。这些结果表明，只要政府持续改善税收征管，那么 2019 年 4 月采用的 13% 的最新增值税税率标准对于维持政府收入可能是可持续的。该项改革提议在实施过程中可能会遇到几个问题。第一，加强税收征管将增加一些企业的税收负担，从而使其反对改革。第二，在短期内和在地方政府层面很难观察到这种改革的资源配置效率改善。中央政府必须从整体和长远的角度来收获改革的最终成果。第三，加强税收征管与依法征税的理念相一致，这不同于为弥补收入不足而加强对企业的税收执法。总之，我们提出的税收中性改革不仅有助于解决当前的公共收入困境，还有助于结构性改革以及中国经济向高质量发展的转变。正如党的十九大报告所提出的那样，这也可能有助于使中国财政成为"国家治理的基础和重要支柱"。

参考文献

Ackerberg, D., Caves, K. and Frazer, G. (2015), Identification properties of recent production function estimators, *Econometrica* 83(6): 2411–51. doi.org/10.3982/ECTA13408.

Allingham, M. and Sandmo, A. (1972), Income tax evasion: A theoretical analysis, *Journal of Public Economics* 1(3–4): 323–38. doi.org/10.1016/0047-2727(72)90010-2.

Bai, C., Li, Y. and Wu, B. (2019), *Inequality in corporate taxation: Trends, status quo, and reasons*, Working Paper, Economics Department of Tsinghua University.

Bartelsman, E., Haltiwanger, J. and Scarpetta, S. (2013), Cross-country differences in productivity: The role of allocation and selection, *American Economic Review* 103(1): 305–34. doi.org/10.1257/aer.103.1.305.

Cai, H.B. and Liu, Q. (2009), Competition and corporate tax avoidance: Evidence from Chinese industrial firms, *The Economic Journal* 119(4): 764–95. doi.org/10.1111/j.1468-0297.2009.02217.x.

Chen, S.X.G. (2016), Fiscal pressure, tax administration and regional inequality, *Social Sciences in China* (4): 53–70.

Chen, S.X.G. (2017a), The effect of a fiscal squeeze on tax enforcement: Evidence from a natural experiment in China, *Journal of Public Economics* 147(March): 62–76. doi.org/10.1016/j.jpubeco.2017.01.001.

Chen, S.X.G. (2017b), VAT rate dispersion and TFP loss in China's manufacturing sector, *Economic Letters* 155(June): 49–54. doi.org/10.1016/j.econlet.2017.03.008.

China Network of Court (2019), Make the tax reduction and fee reduction policy more affordable and enterprises will stimulate the vitality of market players, [in Chinese]. Available from: www.chinacourt.org/article/detail/2019/05/id/3886036.shtml.

County Public Finance Statistics Yearbook of China (2000–07), Beijing: China Financial and Economic Publishing House.

De Loecker, J. and Warzynski, F. (2012), Markups and firm-level export status, *American Economic Review* 102(6): 2437–71. doi.org/10.1257/aer.102.6.2437.

Gao, P.Y. (2006), The mystery of the continuous and rapid growth of China's taxation, *Economic Research Journal* (12).

Gao, P.Y. (2008), Accelerating the process of VAT transformation, *China State Finance* (1).

Guo, J. and Li, T. (2009), Tax competition among local governments in China research: Empirical research based on provincial panel data in China, *World Management* (11).

Guo, Q.W. (2019), The potential financial impact and risk prevention of tax and fee reduction, *World Management* (6).

Hopenhayn, H.A. (2014), Firms, misallocation, and aggregate productivity: A review, *Annual Review of Economics* 6(August): 735–70. doi.org/10.1146/annurev-economics-082912-110223.

Hsieh, C.T. and Klenow, P.J. (2009), Misallocation and manufacturing TFP in China and India, *Quarterly Journal of Economics* 124(4): 1403–48. doi.org/10.1162/qjec.2009.124.4.1403.

Levinsohn, J. and Petrin, A. (2003), Estimating production functions using inputs to control for unobservables, *Review of Economic Studies* 70(2): 317–42. doi.org/10.1111/1467-937X.00246.

Long, X.N., Zhu, L.Y., Cai, W.X. and Li, S.M. (2014), Empirical analysis of tax competition among county governments in China based on spatial econometric models, *Economic Research Journal* (8).

Lu, B.Y. (2019), *Report on tax burdens of Chinese companies: Estimation based on data of listed companies*, Report on Public Finance No. 8, Beijing: Chongyang Institute for Financial Studies, Renmin University of China.

Lu, B.Y. and Guo, Q.W. (2011), The source of China's rapid tax growth: An explanation in the framework of tax capacity and tax efforts, *Social Sciences in China* (2).

Mao, J., Zhao, J. and Huang, C.Y. (2014), Effects of China's VAT system transition on firms' investment and employment: Empirical evidence from the 2008–2009 national tax surveys, *Finance and Trade Economy* (16.2).

Ministry of Finance (2000–07), *National statistics on prefecture, city, and county finance*, Beijing: China Finance Press.

National Bureau of Statistics of China (NBS) (2000–07), *Annual survey of industrial production*, Beijing: China Statistics Press.

Nie, H.H. and Jia, R.X. (2011), Productivity and resource misallocation of China's manufacturing firms, *The Journal of World Economy* 7: 27–42.

Olley, G.S. and Pakes, A. (1996), The dynamics of productivity in the telecommunication equipment industry, *Econometrica* 64(6): 1263–97. doi.org/10.2307/2171831.

Qiao, B.Y., Fan, J.Y. and Peng, Y.M. (2006), Intergovernmental transfer payments and local government efforts, *World Management* (3).

Restuccia, D. and Rogerson, R. (2008), Policy distortions and aggregate productivity with heterogeneous establishments, *Review of Economic Dynamics* 11(4): 707–20. doi.org/10.1016/j.red.2008.05.002.

Sohu Technology (2019), How does the history of the largest tax cut take effect? [in Chinese]. Available from: https://www.sohu.com/a/302991116_289823.

State Taxation Administration of China (2019a), *Financial Revenue and Expenditure in the First Half of 2019*, [in Chinese]. Available from: gks.mof.gov.cn/tongjishuju/201907/t20190716_3301309.htm.

State Taxation Administration of China (2019b), *Tax Revenues Organized by Taxation Departments across the Country in the First Half of 2019*, [in Chinese]. Available from: www.chinatax.gov.cn/chinatax/n810214/n810641/n2985871/n2985918/c4539995/content.html.

Wei, S.J. (2019), How to prevent debt crisis during the tax reform?, *Fudan Financial Review* 4.

Xu, W. and Chen, B.K. (2016), Tax incentives and firm investment: Based on the natural experiment of VAT transformation in 2004–2009, *World Management* (5).

Yin, H., Liu, D. and Li, S.G. (2015), Comparison of the estimation methods for firm TFP, *World Economic Papers* 1(4): 1–21.

Yin, H. and Zhu, H. (2011), A study of productive expenditure bias in county-level finance in China, *Social Sciences in China* (1).

Zhou, L.A., Liu, C. and Li, L. (2011), Tax efforts, taxation institutions and the mystery of tax growth, *China Economic Quarterly* 1(1).

第六章 中国的创新及其增长效应

孙思忠

一 引言

创新在一个国家的经济发展中起着核心的作用。成功的创新可以创造出有助于社会进步的新思想。对于企业而言，成功的创新可能会提升其竞争优势，例如通过流程创新降低产品的边际成本，或者通过产品创新增加市场需求。创新有助于改善资源配置效率[①]，是可持续增长的驱动因素之一。因此，政策制定者们经常采取如补贴或税收抵免等措施以鼓励创新。

人们通常将创新看作一个生产过程，即利用一系列投入（如研发投入）来生产一系列的产出（如新产品）。因此，创新既有投入视角，如研发支出和研发人员，又有产出视角，如专利。经合组织曾在《奥斯陆手册》中定义了四种类型的创新——产品、流程、营销和组织创新，这些是更加注重产出视角的分类（OECD，2018）。

由于创新的重要性，学者们从多个维度对创新进行了研究，其中一个维度就是创新活动的决定因素。以研发（创新的投入视角）为例，之前的研究探索了创新的决定因素，其中包括：Belderbos 等（2013）对欧洲、日本和美国的研究；Hammadou 等（2014）对欧洲 14 国的研究；Okamuro 等（2011）对日本的研究；López（2008）对西班牙的研究；Chun 和 Mun

---

[①] 例如，Acemoglu 等（2011）发现，专利是创新活动的产出——在鼓励实验和知识转移的同时提高资源配置效率。

（2012）对韩国的研究；Kastl 等（2013）对意大利的研究。

从产出角度看，现有文献对专利进行了广泛的研究。例如，Fischer 等（1994）研究了奥地利制造业部门中企业的专利行为，而 Nicholas（2011）研究了 1920 年代美国企业的专利行为。Gedik（2012）和 Aldieri（2011）用专利引用来刻画澳大利亚和美国的知识传播行为。Buesa 等（2010）将研发和专利分别作为知识生产函数的投入和产出，探讨了欧洲区域创新的决定因素。Chan（2010）研究了 1990~2000 年 9 家农业生物技术企业的国际专利申请决策，Figueroa 和 Serrano（2013）研究了小型企业和大型企业的专利出售和收购决策的决定因素。

与对研发和专利的研究相比，对产品、流程、营销和组织创新的研究较少。Gorodnichenko 和 Schnitzer（2013）研究了 2002 年和 2005 年金融约束对欧洲企业创新活动（包括产品创新）的影响。结果他们发现，金融约束对企业的创新能力有负面影响。尽管这四类创新有明确的概念，但仍然缺乏对它们的研究，这可能是缺乏数据引起的，在发展中国家更是如此。

在本章中，我将从投入（研发）和产出（专利和上述四类创新）两个角度探讨中国的创新。特别地，我从国内生产总值（GDP）和工业产出两个方面关注了创新在推动经济增长方面的作用。

本章在两个方面对现有研究做出贡献。第一，本章旨在利用现有行业数据和国家数据描述中国的创新活动的最新总体图景。理解中国的创新有助于读者更好地评估中国未来的经济潜力。第二，本章旨在评估创新对中国经济增长的贡献。自 40 多年前改革开放以来，中国经济以惊人的速度增长，体制改革和农业部门廉价劳动力的释放等因素在这一增长中发挥了一系列无可争辩的重要作用。目前，中国已成为一个较为发达的发展中经济体，并面临着中等收入陷阱，原有的一些因素可能不再是经济增长的源泉。例如，随着中国可能已经到达刘易斯拐点（有关讨论请参考 Cai，2010；Gaunaut & Huang，2006；Minami & Ma，2010），劳动力短缺已经成为经济增长的紧约束。基于这些限制，创新可能成为中国未来经济增长的可持续源泉。

本章的其余部分分为五节。第二节简要回顾了现有的研究，并重点聚焦那些涉及中国的研究。第三节从研发、专利以及产品、流程、营销和组织创新等层面介绍了中国创新活动的最新情况。第四节通过利用自回归分布滞后（ARDL）模型，研究了研发和专利在中国经济增长中的短期和长期作用。

第五节利用行业面板数据评估了创新对工业产出的影响。第六节是本章的结论。

二 相关文献

研究人员经常从两个角度探索创新。第一是考察创新活动的影响因素，例如 Anwar 和 Sun（2013）、Zhou（2014）、Zhou 和 Song（2016）关于中国研发活动决定因素的研究。第二是研究创新活动的影响。本章研究与第一个视角关系不大，与第二个视角关系较大。因此，我简要回顾了现有的以第二种视角开展的研究，主要是涉及中国的研究。

研发是一个已经得到广泛研究的创新维度。Jefferson 等（2006）使用覆盖中国大中型制造业企业样本的丰富数据集发现，研发支出促进了企业的产品创新，提升了生产效率和盈利能力。Li 和 Lu（2018）发现，研发促进了中国出口的绿色复杂性。Zhang 和 Xie（2020）研究了研发投资和产品创新对中国出口绩效的影响，发现这些创新活动提升了出口倾向而非出口强度。类似地，Wu 等（2020）发现，如果以研发支出衡量创新活动，创新有助于提升出口的广延边际，但没有提升集约边际。在采矿业部门，Rafiq 等（2016）发现，与没有研发活动的企业相比，有研发活动的中国采矿业企业利润和销售收入更高。同样，Sun 和 Anwar（2019）观察到，中国铁矿石开采行业中进行研发的国内公司平均生产效率更高，销售收入也更高。中国政府的研发计划可以促进企业的创新产出，包括专利数量和新产品的销售收入等（Guo et al.，2016）。

Hu 等（2017）发现，尽管中国专利申请数量激增，但专利与劳动生产率之间的相关性已经减弱。专利申请数量的增加并不意味着以引用次数衡量的专利质量很高。Fisch 等（2017）观察到，与美国、欧洲、日本和韩国相比，中国专利在引用方面的价值更低。Boeing 和 Mueller（2019）的研究结果类似。

Dai 和 Cheng（2018）使用中国制造业企业的大样本数据评估了产品创新对企业利润和生产率的影响。他们发现，产品创新对企业利润和销售收入有显著的积极影响，但对调整后的生产率的影响为负或微不足道。Zhu 等（2021）将产品和流程创新与中国的就业联系起来，他们发现流程创新有助于促进就业，而产品创新会抑制就业。

许多关于中国创新活动的研究探讨了区域维度。Chen 和 Guan（2010）使用数据包络分析方法衡量中国区域创新系统的效率，发现效率较低。类似地，Bai（2013）使用随机前沿方法估计了 1998~2007 年中国的区域创新效率，发现创新效率较低。Fu 等（2012）研究了深圳和东莞区域创新系统的路径依赖演化。

Fan 等（2012）评估了 1995~2006 年中国的区域创新不平等，发现研发是不平等加剧的主要驱动因素之一。Huang 等（2010）发现，1985~2008 年，中国 29 个省份的区域创新对外商直接投资的生产率溢出产生了双重门槛效应。使用基于多代理人假设的模拟，Wang 等（2014）发现，政策可以促进创新扩散，进而促进欠发达地区尤其是中国中部地区的经济发展。

Fu 和 Mu（2014）探讨了扩展式国家创新绩效框架的政策选择，Liu 等（2011）和 Wu（2012）评估了中国创新政策的演变。Fan（2014）批判性地回顾了对中国创新能力的研究，其中包括国家创新体系的发展路径。

本章的研究与现有研究相比，有三个显著特征。第一，涵盖了更多类型的创新活动，包括研发、专利、产品、流程、营销和组织创新。第二，分析了中国的创新活动及其在行业和国家层面的增长效应。第三，没有涵盖区域层面的创新活动。

三　中国创新活动一览

过去几年中，中国的创新活动——在投入（如研发）和产出（如专利）方面——日益活跃。图 6.1 显示了研发支出和全职（同等）研发人员数的趋势。图 6.1（a）显示，全职（同等）研发人员数一直在快速增长，2019 年达到 461 万人。毫无疑问，研发人员的增加将促进创新产出的增长，进而推动经济增长。图 6.1（b）显示的研发支出趋势（占 GDP 的比重）似乎与研发人员数的趋势不同。第一，这一比重在 1997 年之前呈下降趋势，1994 年达到 0.5% 的低点；第二，1997 年后，研发支出开始大幅增长，2019 年达到 2.2% 的峰值。然而其增长率看起来在下降。1989~2019 年，研发支出占 GDP 的比重增长了两倍多，从 1989 年的 0.7% 增至 2019 年的 2.2%。尽管这一比重看起来相对温和，但中国经济越来越大的规模意味着相应的越来越庞大的研发支出规模。

研发人员数增长速度的加快，加上研发支出相对于 GDP 增长的增长速度下降，表明研发人员支出占研发支出总额比重的增加。图 6.1（c）显示的研发人员数与研发支出之间的关联似乎证实了这一点。我们可以观察到，当研发支出处于较高水平时，研发支出增加 1% 则研发人员数增加超过 1%。尽管研发人员数与研发支出之间存在联系，但二者的增长率之间似乎没有实质性的联系（见图 6.1（d））。

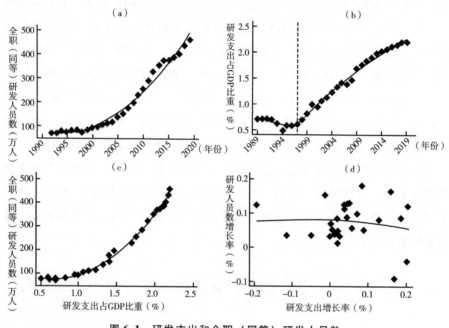

图 6.1　研发支出和全职（同等）研发人员数

数据来源：NBS（2021）。

图 6.2 显示了居民和非居民的专利申请数量，其与研发人员数和研发支出水平相关联。图 6.2（a）显示了居民和非居民专利申请数量的时间趋势，有三个特征。第一，居民和非居民的专利申请数量呈增长趋势——与图 6.1 中研发支出和研究人员数的增长一致。第二，2000 年之前，居民和非居民的专利申请数量相对较少，与 2000 年后相比，增长趋势也不太明显——这与（研发支出和研发人员）投入的趋势一致，如图 6.1 所示，2000 年后，研发支出和研究人员数的增长速度都比前一时期快得多。第三，自 2005 年

以来，居民专利申请数量已超过非居民专利申请数量，多年来这一差距不断扩大［见图6.2（a）］。显然，居民在中国的创新中发挥着越来越重要的作用。

居民专利申请数量与研发投入（研发支出和研究人员数）之间的关联也不同于非居民。图6.2（c）显示了专利申请数量与研发人员数的关系，并展示了相应的拟合曲线。对于居民专利申请数量而言，凸的、向上倾斜的拟合曲线表明居民专利申请数量与研发人员数正相关，而且研发人员越多关联度越高。相比之下，尽管非居民专利申请数量也具有类似的正相关性，但拟合曲线是凹的，表明研发人员数的每单位增长与非居民专利申请数量的增长关联更小。图6.2（d）显示了专利申请数量与研发支出占GDP比重的关联。对于居民专利申请，我们可以观察到类似与研发人员数的关联模式。相比之下，非居民专利申请数量和研发支出占GDP比重之间的拟合曲线变得线性化。因此，研发投入与居民和非居民专利申请数量之间的关系存在差异。

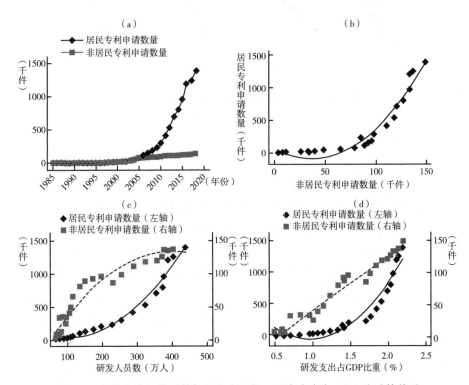

图6.2 专利申请数量及其与研发人员数、研发支出占GDP比重的关系

数据来源：NBS（2021），World Bank（2021）。

　　图 6.3 通过展示 2018 年两位代码行业从事四类创新的规模以上企业的占比分布，简单勾勒出了产品、流程、组织和营销创新活动的图景。

　　图 6.3 中的点和水平线分别表示这些占比的均值和中位数。平均而言，22.92% 的规模以上企业进行了产品创新，26.62% 进行了流程创新，26.91% 进行了组织创新，23.4% 进行了营销创新。将图 6.3 中的均值与中位数进行比较，我们可以观察到，所有四个分布彼此接近，表明分布是对称的。通过比较四个均值和中位数我们可以发现，进行组织和流程创新的企业比进行营销和产品创新的企业数量更多。

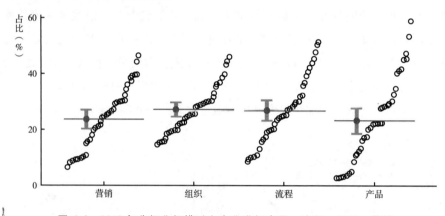

图 6.3　2018 年分行业规模以上企业进行产品、流程、组织、营销创新的占比

数据来源：NBS（2021）。

　　在产品创新方面，仪表制造业从事产品创新的企业占比在所有行业中是最高的（59.2%）。相反，煤炭开采和洗选业从事产品创新的企业占比最低（2.5%）。在进行流程创新的企业中，仪表制造业的占比同样最高（51.6%），而采矿业的占比最低，煤炭开采和洗选业为 9.2%，其他采矿业为 8.3%。仪表制造业在组织创新方面仍居榜首（45.6%）。相比之下，非金属采矿和选矿行业的占比最低（14.4%）。在营销创新方面，占比最高和最低的行业是制药业与黑色金属采矿和选矿业，占比分别为 46% 和 6%；而仪表制造业的营销创新占比居第二（44%）。通常，与制造业相比，采矿业在所有四类创新中的占比都较低。

　　由于数据的可得性，我根据 2011~2018 年各行业新产品项目的数量来考察产品创新的动态。图 6.4 显示了上述 8 年中新产品项目的情况。在这里，我们可以观察到两种模式。第一，新产品项目数的均值（图 6.4 中带圆圈的折线）呈不明显的上升趋势，2015 年后增速有所上升，中位数（图 6.4 中的条形）呈现类似的模式；第二，由于一些行业有大量的新产品项目（图 6.4 中的黑点异常值），这些行业中从事创新活动的企业占比的平均值在 8 年中都大大高于均值。

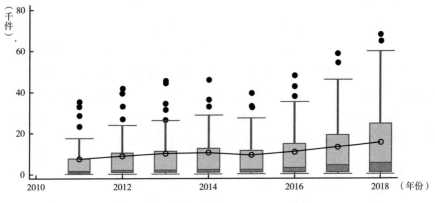

图 6.4　新产品项目数（2011～2018 年）

数据来源：NBS（2021）。

总之，无论是从投入（研发支出和研发人员）还是产出（专利和产品、流程、组织、营销创新）来看，中国的创新活动都日趋活跃。在上升趋势下，研究创新活动如何影响中国经济很重要。因此，在接下来的两节，我将研究行业层面的创新活动对 GDP 和工业产出的影响。

四　创新与 GDP

为了研究创新对中国经济增长的影响，我使用了总生产函数。由于数据是 1989～2019 年的时间序列，因此在估计中使用了自回归分布滞后模型，如公式 6.1 所示。

$$\Delta \ln Y_t = \alpha_0 + \sum_{p=1}^{p} \alpha_1^p \ln Y_{t-p} + \alpha_2 \ln I_t + \alpha_3 \ln K_t + \alpha_4 \ln L_t$$
$$+ \sum_{q=-Q}^{Q} \alpha_5^q \Delta \ln I_{t-p} + \sum_{q=-Q}^{Q} \alpha_6^q \Delta \ln L_{t-p}$$

$$+ \sum_{q=-Q}^{Q} \alpha_t^q \Delta \ln K_{t-p} + \varepsilon_t \qquad\qquad \text{公式 6.1}$$

在公式 6.1 中，Y、I、L 和 K 分别代表 GDP、创新、劳动力和资本；Δ 是差分算子；ε 是误差项；P 和 Q 分别代表滞后阶数。在估计中，由于是小样本，我在绝大多数估计中设定 $P=1$。如果估计中发现误差项显示出自相关，则令 $P=2$。滞后长度 Q 在估计中也设定为 1，有时候并没有使用该滞后阶数。从概念上讲，回归方程右侧变量有可能是内生的。例如，一方面，创新促进了经济增长；另一方面，由于经济增长有助于创新投资，所以更高的经济增长可能会导致更活跃的创新活动。$\ln L$、$\ln K$ 和 $\ln I$ 的差分项的滞后项与超前项旨在吸收与误差项可能的这种相关性。创新被回归中的四个维度所捕获，即全职（同等）研发人员数、研发支出占 GDP 的比重，居民专利申请数量和非居民专利申请数量。在 ARDL 模型中，创新活动的长期影响可以用 $\alpha_2/(-\sum_{p=1}^{P} \alpha_1^p)$ 来代表。

GDP 数据来自世界发展指标（WDI）（World Bank，2021），以 2010 年美元不变价计算。用劳动力人数（万人）作为劳动力的代理变量，数据来自国家统计局（NBS，2021）。资本的数据是固定资本形成总额占国民总收入 GNI 的比重，同样也来自国家统计局。对于创新而言，研发支出占 GDP 的比重和全职（同等）研发人员数也来自国家统计局，居民和非居民专利申请数量来自世界发展指标（WDI）。我首先检验了时间序列（$\ln Y$、$\ln I$、$\ln L$、$\ln K$）的平稳性，并在表 6.1 中呈现结果。除了 $\ln L$，其他序列都是 I（1）序列，而 $\ln L$ 序列是 I（0）序列。可见，在这种情形下，ARDL 模型是适用的。

表 6.2 显示了不含劳动力和资本的测算结果。在估计过程中进行了许多诊断测试，从而验证估计的有效性。例如，对于以全职（同等）研发人员数来衡量创新的回归（表 6.2 中的第［1］列），拉姆齐回归方程设定误差检验（RESET 检验）发现，检验统计量的值为 1.09（p 值为 0.3829），从而不拒绝模型不含缺省变量的原假设。异方差的 Breusch-Pagan 检验获得的检验统计量的值为 8.76（p 值为 0.119），表明误差项不存在异方差。预测残差的 Dickey-Fuller 检验获得了 -3.093 的检验统计量（含漂移项，p 值为 0.0027），确认残差是平稳的［I（0）］。自相关的 Durbin 替代检验发现检

验统计量为 4.593，p 值为 0.0321，未能在 1% 水平上拒绝无一阶自相关的原假设。自相关的 Breusch-Godfrey 拉格朗日乘子（LM）检验同样也在 1% 的水平上不拒绝从 1 阶到 5 阶滞后项不存在序列自相关的原假设。

自相关条件异方差（ARCH）的 LM 检验在 1% 的水平上不拒绝从 1 阶到 5 阶滞后项不存在 ARCH 效应的原假设。我还分别绘制了回归中递归残差及其平方项的累积和，它们保持在 95% 的置信区间内，证实了回归的平稳性（为节省篇幅，未以图表形式列示）。对于其他回归，包括表 6.4 中包含 $\ln L$ 和 $\ln K$ 的回归，也使用了相同的诊断检验，并在使用时进行调整以适应这些测试的结果。例如，在表 6.2 的第 ［3］ 列中，标准误是稳健的，因为 Breusch-Pagan 检验在 1% 的水平上拒绝了不存在异方差的原假设（文中同样没有提供结果，如有需要可联系作者提供）。

在表 6.2 的 4 个回归中，回归 ［1］、［3］ 和 ［4］ 中创新系数的估计值在 5% 的水平上不显著。回归 ［2］ 中创新系数的估计值为正并且在 5% 的水平上显著。这些不显著的估计似乎表明，以研发人员数和居民和非居民专利申请数量衡量的创新活动对经济增长的作用在短期较小。在 4 个回归中，创新差分滞后项的一些估计系数具有统计显著性，表明创新活动的作用存在时滞。以研发支出占 GDP 比重衡量的创新活动，其系数的显著性估计很可能捕捉到了非创新相关支出的短期增长效应。

长期来看情况则有所不同。在所有 4 个回归中，创新的估计系数都是正的，并且在 5% 的水平上具有统计学意义。这表明，在长期，创新促进了经济增长。对于研发人员而言，全职（同等）研发人员数每增加 1%，总产出增加 0.69%。研发支出的影响更大，其弹性为 1.34。比较居民专利申请数量和非居民专利申请数量是非常有趣的，尽管两者的系数都显著为正，但非居民专利申请数量的系数更大，这表明非居民专利申请数量在促进经济增长方面发挥了更大的作用。

在表 6.2 中，回归方程不控制劳动力和资本投入的作用。所以，我在表 6.3 中列示了控制劳动力和资本投入后的回归结果。资本、劳动力和创新高度相关（两两相关且系数大于 0.86）。由于样本量小，所以多重共线性问题令人担忧。为了解决这一问题，我首先将劳动人数投影到由创新测度和 1 向量张开的子空间，从而得到正交劳动力向量的度量，该度量与创新度量正交并被用于各项回归。随后，我将资本投影到由创新、正交劳动力和向量 1 构成的子空间，从而得到了用于各项回归的正交资本变量。

将表6.3的回归结果与表6.2的回归结果进行比较，我们可以看到估计系数大小存在差异。特别是以研发支出衡量的创新，其短期系数在5%的水平上变得不显著。尽管如此，无论以4种维度中的任何一种度量，研发支出在短期内对经济增长的作用都微不足道，但是从长远来看，即使在回归中控制了劳动力和资本投入，其对经济增长的促进作用仍然存在。因此，表6.2中的结果是可靠的。

表6.1 单位根检验

变量	水平值				一阶差分				结果
	ADF 检验		PP 检验		ADF 检验		PP 检验		
	常数	常数+趋势	常数	常数+趋势	常数	常数+趋势	常数	常数+趋势	
$\ln Y$	−1.216	−2.287	−1.298	−0.789	−3.809	−3.918	−2.751	−2.934	I(1)
$\ln I[1]$	0.603	−1.771	0.421	−1.845	−3.924	−3.891	−3.938	−3.914	I(1)
$\ln I[2]$	−0.114	−2.125	−0.235	−2.257	−4.520	−4.453	−4.539	−4.476	I(1)
$\ln I[3]$	1.348	−2.457	1.052	−2.425	−4.660	−4.547	−4.670	−4.571	I(1)
$\ln I[4]$	−0.699	−1.504	−0.686	−1.603	−5.477	−5.423	−5.482	−5.431	I(1)
$\ln K$	−3.566	−2.219	−4.343	−2.293	−4.953	−5.964	−5.003	−5.992	I(0)
$\ln L$	−0.976	−1.287	−1.062	−1.782	−2.955	−2.896	−2.942	−2.880	I(1)

注：原假设是这些序列均含有单位根；对于 $\ln Y$，使用了一阶滞后；[1] 表示全职（同等）研发人员数；[2] 表示研发支出额；[3] 表示居民专利申请数量；[4] 表示非居民专利申请数量。

表6.2 回归结果

变量	[1]		[2]		[3]		[4]	
	系数	标准误	系数	标准误	系数	标准误	系数	标准误
$\ln Y_{t-1}$	−0.05*	0.03	0.58***	0.09	0.68***	0.19	0.88***	0.18
$\ln Y_{t-2}$			−0.63***	0.09	−0.71***	0.20	−1.38***	0.32
$\ln Y_{t-3}$							0.49**	0.18
$\ln I_t$	0.04	0.03	0.06***	0.02	0.01	0.01	0.01	0.01
常数	1.38*	0.69	1.41***	0.30	0.84	0.64	0.41	0.38

续表

变量	[1]		[2]		[3]		[4]	
	系数	标准误	系数	标准误	系数	标准误	系数	标准误
长期系数								
$\ln I$	0.69***	0.22	1.34***	0.10	0.37***	0.09	0.63***	0.19
N	25.00		228.00		31.00		30.00	
F	6.44		18.25		7.29		5.01	
调整的 R^2	0.53		0.79		0.51		0.49	

注：① *** 在1%水平上显著；** 在5%水平上显著；* 在10%水平上显著。

②在 [1] 中，创新使用全职（同等）研发人员数衡量；在 [2] 中，创新使用研发支出占GDP 的比重衡量；在 [3] 中，创新使用居民专利申请数量衡量，使用稳健标准误；在 [4] 中，创新使用非居民专利申请数量衡量。为节约篇幅，在此没有列示差分项的滞后项和超前项的系数。

表6.3　包含劳动力和资本的回归结果

变量	[1]		[2]		[3]		[4]	
	系数	标准误	系数	标准误	系数	标准误	系数	标准误
$\ln Y_{t-1}$	0.05	0.08	0.49***	0.15	−0.11**	0.04	−0.17***	0.05
$\ln Y_{t-2}$			−0.57***	0.13				
$\ln I_t$	−0.08	0.08	0.12	0.09	0.04**	0.02	0.10***	0.04
$\ln L_t$	−0.39	0.49	0.00	0.43	0.20**	0.09	0.28***	0.09
$\ln K_t$	0.20***	0.06	0.02	0.05	0.07	0.07	0.17**	0.06
常数	−0.95	1.86	2.43	1.51	2.80***	0.98	3.84***	1.16
长期系数								
$\ln I_t$	1.58*	0.88	1.45***	0.18	0.40***	0.03	0.62***	0.01
$\ln L_t$	7.55**	3.41	1.62	4.46	1.86***	0.49	1.62***	0.23
$\ln K_t$	−3.48	6.65	0.39	0.40	0.85	0.78	0.99***	0.08
N	25.00		28.00		32.00		32.00	
F	8.06		10.22		4.7		5.62	
调整的 R^2	0.75		0.79		0.54		0.60	

注：在 [1] 中，创新使用全职（同等）研发人员数衡量；在 [2] 中，创新使用研发支出占GDP 的比重衡量；在 [3] 中，创新使用居民专利申请数量衡量，使用稳健标准误；在 [4] 中，创新使用非居民专利申请数量衡量。为节约篇幅，在此没有列示差分项的滞后项和超前项的系数。

五　行业分析

类似于国家层面的分析，行业层面的分析也从总生产函数框架开始，其中行业产出是资本、劳动力和创新指标的函数。与第四节中的 ARDL 模型不同，由于我们使用的是平衡面板数据，因此我们在回归中使用了固定效应估计量，经验模型为公式 6.2。

$$\ln Y_{it} = \beta_0 + \beta_1 \ln I_{it} + \beta_2 \ln K_{it-2} + \beta_3 \ln L_{it-2} + \zeta_i + \epsilon_{it} \qquad 公式\ 6.2$$

在公式 6.2 中，Y、I、K 和 L 分别是工业产出（收入）、创新、资本和劳动力；ϵ 表示误差项，ζ_i 表示不可观测的行业固定效应，且与投入要素（K、L、I）可以是相关的；下标 i 和 t 分别表示行业和年份。等号右侧的投入要素可能是内生的。所以对于 K 和 L 而言，我使用了两年的滞后项来减少资本和劳动力度量可能存在的内生性。对于创新而言，我使用了创新的水平项和差分项的两年超前项作为排除性工具变量的度量。[①]

行业面板数据来自《中国工业统计年鉴》（NBS，2011～2017），包含两位代码行业规模以上企业 7 年的数据（2012～2018）。行业产出（收入，单位为千亿元）使用工业生产者出厂价格指数进行了平减（1985 年 = 100）。资本使用行业中的总资产作为代理变量（千亿元），并使用固定资产投资价格指数进行了平减（1990 年 = 100）。劳动力使用每个行业中的平均工人数来衡量（千人），数据来自《中国工业统计年鉴》（NBS，2011～2017）。描述性统计结果见表 6.0。

表 6.5 给出了回归结果，其中前两列（固定效应［1］和固定效应［2］）是假设解释变量内生的固定效应估计结果，后两列（工具变量-固定效应［1］和工具变量-固定效应［2］）考虑了创新潜在的内生性。在工具变量-固定效应估计中，我通过识别不足检验（Kleibergen-Paap rk LM 检验）、弱识别检验（Kleibergen-Paap rk Wald F 检验）和过度识别检验（Hansen J 检验）来检验排除性工具变量的相关性和有效性，并发现在所有

[①] 除全职（同等）研发人员数、资本和劳动力的回归以外（表 6.5 中面板［2］的右侧），使用的排除性工具变量是创新的 4 年超前项和创新差分项的 3 年超前项，这是因为 2 年超前项没有通过 Hansen J 检验。

回归中，排除性工具变量都是相关和有效的。例如，在资本、劳动力和新产品项目数的回归中，Kleibergen-Paap rk LM 检验统计量的值是 40.58（p 值小于 0.01），拒绝了排除性工具变量不相关的原假设。Kleibergen-Paap rk Wald F 检验统计量是 102.85——高于 Stock-Yogo 弱识别检验的临界值（在 10% 水平上的工具变量数为 19.93）。Hansen J 检验统计量是 0.735（p 值是 0.3914），表明排除性工具变量是有效的。

在所有回归中，无论使用 4 个指标中的哪一个度量创新，估计系数都是正的并在 1% 水平上具有统计显著性。这些显著为正的估计值表明，创新促进了中国的工业发展。新产品项目数和有效发明专利数每增加 1 个百分点，均会使得工业产出大约增加 0.8 个百分点。同样，全职（同等）研发人员数和研发项目数每增加 1 个百分点，都会使得工业产出增加大约 1 个百分点。我注意到，尽管创新的估计系数大小有一些变化，但在与其他估计系数之间差距不太大的情况下，这些估计系数的结果总体上是相互一致的。

因此，与国家层面的分析结果一样，行业层面的分析也证实了创新的增长效应，这对于不同的创新活动指标来说是稳健的。需要注意的是，行业面板数据仅仅涵盖 7 年，而我们的回归估计的是创新的长期效益，而非对短期动态的考察。

在表 6.5 中，由于数据可得性的问题，流程、营销和组织创新的效应没有得到考察。对于流程创新，现有的数据涵盖了 3 年（2016~2018）中制造业中 21 个两位代码行业。对于营销和组织创新，数据是横截面的，涵盖了 2018 年的 28 个两位代码行业。表 6.6 显示了流程创新的估计结果，其中排除性工具变量是流程创新水平的 1 年超前项和流程创新差分项的 1 年滞后项。这些检验统计量表明，这些工具变量都是相关、有效且非弱的工具变量。表 6.7 显示了营销创新和组织创新的回归结果，其中我假设了创新活动的外生性，因此估计的系数测度的是相关性，而非因果关系。在这两个表中，流程、营销和组织创新都是以两位代码行业中创新企业的占比来衡量的。

在表 6.6 中，流程创新的估计系数为 0.01，并在 1% 的水平上显著。进行流程创新的企业占比每增加 1%，行业产出增加 0.01%。在表 6.7 中，营销创新和组织创新的系数估计分别为 0.06 和 0.07，两者均在 1% 水平上显著。这些估计结果表明，营销创新和组织创新与行业产出均为正相关。因此，在这个更小的样本中，我们持续观察到了来自创新的显著的增长效应。

表 6.4 描述性统计

变量	均值	标准差	最小值	最大值
Y_t	1093.7110	1000.8160	8058	4222.00
K_{t-2}	25645.9900	24167.5000	1882.30	134531.40
L_{t-2}	244.1529	212.3263	13.13	909.26
npp	11163.2600	15076.9000	65.00	67027.00
$ferdr$	73200.9100	99088.3900	566.80	552618.00
rdp	10263.7800	12696.4100	85.00	52317.00
nip	19176.2400	40928.2400	49.00	300369.00

注：$N = 196$；Y_t 的单位是千亿元（现价）；K_{t-2} 的单位是千亿元（现价）；L_{t-2} 的单位是万人；npp 表示新产品项目数；$ferdr$ 表示全职（同等）研发人员数；rdp 表示研发项目数；nip 表示有效发明专利数。

表 6.5 行业估算结果

变量	固定效应[1]		固定效应[2]		工具变量-固定效应[1]		工具变量-固定效应[2]	
	系数	标准误	系数	标准误	系数	标准误	系数	标准误
[1]创新:新产品项目数								
$\ln I_t$	0.68***	0.04	0.53***	0.06	0.76***	0.07	0.80***	0.10
$\ln K_{t-2}$			-0.08	0.13			0.03	0.12
$\ln L_{t-2}$			0.35***	0.11			-0.22	0.14
N	196.00		196.00		182.00		182.00	
F	341.82		144.40		102.09		105.94	
中心化 R^2	0.73		0.74		0.63		0.62	
K-P rk LM					26.81		40.58	
K-P rk Wald F					52.23		102.85	
Hansen J					0.02		0.74	
[2]创新:全职(同等)研发人员数								
$\ln I_t$	0.77***	0.04	0.76***	0.09	1.10***	0.12	0.34***	0.13
$\ln K_{t-2}$			-0.23*	0.13			0.38***	0.09
$\ln L_{t-2}$			0.21	0.13			0.19	0.17
N	196.00		196.00		182.00		168.00	

续表

变量	固定效应[1]		固定效应[2]		工具变量-固定效应[1]		工具变量-固定效应[2]	
	系数	标准误	系数	标准误	系数	标准误	系数	标准误
[2]创新:全职(同等)研发人员数								
F	438.03		154.28		88.01		557.19	
中心化 R^2	0.73		0.74		0.38		0.80	
K-P rk LM					27.51		18.91	
K-P rk Wald F					35.91		14.61	
Hansen J					0.53		6.06	
[3]创新:研发项目数								
$\ln I_t$	0.78 ***	0.04	0.66 ***	0.07	1.07 ***	0.12	1.17 ***	0.15
$\ln K_{t-2}$			−0.22 *	0.13			−0.25 **	0.12
$\ln L_{t-2}$			0.37 ***	0.11			−0.31 *	0.17
N	196.00		196.00		182.00		182.00	
F	440.66		173.36		81.15		86.47	
中心化 R^2	0.72		0.74		0.43		0.51	
K-P rk LM					27.60		41.24	
K-P rk Wald F					37.57		81.17	
Hansen J					0.05		9.80	
[4]创新:有效发明专利数								
$\ln I_t$	0.64 ***	0.03	0.44 ***	0.04	0.79 ***	0.08	0.98 ***	0.16
$\ln K_{t-2}$			−0.31 **	0.15			−0.48 ***	0.18
$\ln L_{t-2}$			0.66 ***	0.11			0.00	0.18
N	196.00		196.00		182.00		182.00	
F	333.29		149.03		93.05		74.56	
中心化 R^2	0.65		0.71		0.45		0.35	
K-P rk LM					29.92		37.86	
K-P rk Wald F					63.77		45.74	
Hansen J					3.57		0.67	

注：① *** 在1%水平上显著；** 在5%水平上显著；* 在10%水平上显著。

②所有标准误都采用异方差自相关稳健标准误；K-P rk LM 表示 Kleibergen-Paap 拉格朗日乘子检验统计量；K-P rk Wald F 表示 Kleibergen-Paap 瓦尔德 F 检验统计量；由于多重共线性，在回归中删除了年度虚拟变量。

表 6.6 行业评估结果：流程创新

变量	固定效应				工具变量-固定效应			
	系数	标准误	系数	标准误	系数	标准误	系数	标准误
$\ln I_t$	−0.0020	0.02	−0.003	0.01	0.08***	0.01	0.01***	0.00
$\ln K_{t-2}$			0.060	0.31			0.71***	0.04
$\ln L_{t-2}$			0.720***	0.23			0.27***	0.05
N	63.0000		63.000		54.00		54.00	
F	0.0100		33.730		29.01		54.00	
中心化 R^2	0.0003		0.440		−0.27		0.97	
K-P rk LM					17.02		17.63	
K-P rk Wald F					73.29		78.84	
Hansen J					5.01		1.63	

注：① *** 在1%水平上显著；** 在5%水平上显著；* 在10%水平上显著。

② 所有标准误都是异方差自相关稳健标准误；K-P rk LM 表示 Kleibergen-Paap 拉格朗日乘子检验统计量；K-P rk Wald F 表示 Kleibergen-Paap 瓦尔德 F 检验统计量；由于多重共线性，在回归中删除了年度虚拟变量。

表 6.7 行业评估结果：营销与组织创新

变量	[1]营销创新				[2]组织创新			
	系数	标准误	系数	标准误	系数	标准误	系数	标准误
$\ln I_t$	0.09***	0.02	0.06***	0.01	0.11***	0.02	0.07***	0.02
$\ln K_{t-2}$			−0.02	0.34			−0.33	0.40
$\ln L_{t-2}$			0.78***	0.22			1.08***	0.28
常数项	2.88***	0.48	−0.26	1.91	2.12***	0.69	0.51	2.00
N	28.00		28.00		28.00		28.00	
F	27.26		36.27		23.51		34.18	
中心化 R^2	0.50		0.75		0.38		0.72	

注：① *** 在1%水平上显著；** 在5%水平上显著；* 在10%水平上显著。

② 所有标准误都是异方差自相关稳健标准误。

结 论

本章旨在提供中国总体创新活动的最新情况。鉴于日渐紧张的资源约束，如农业部门释放的廉价劳动力的枯竭，创新很有可能在中国未来经济发展中起到重要的作用。因此，研究中国的创新对于更好地理解中国未来的增长轨迹至关重要。我从多个视角关注了中国创新的增长效应：研发支出和研发人员数的投入视角，以及专利和产品、流程、组织、营销创新的产出视角等。

本章主要得出了三个结论。第一，中国的创新正处于增长轨道上，其增长几乎没有放缓迹象；第二，长期来看，创新可以促进国家和行业层面的经济增长；第三，国家层面的创新缺乏短期增长效应。在 40 多年的经济增长中，中国越来越重视创新，创新很可能成为未来经济增长的新源泉。本章的研究利用了国家层面和行业层面的数据。未来的研究可使用企业或项目层面的非加总数据，从另一个角度把握中国创新的图景。

参考文献

Acemoglu, D., Bimpikis, K. and Ozdaglar, A. (2011), Experimentation, patents, and innovation, *American Economic Journal: Microeconomics* 3(1): 37–77. doi.org/10.1257/mic.3.1.37.

Aldieri, L. (2011), Technological and geographical proximity effects on knowledge spillovers: Evidence from the US patent citations, *Economics of Innovation and New Technology* 20(6): 597–607. doi.org/10.1080/10438599.2011.554632.

Anwar, S. and Sun, S. (2013), Foreign entry and firm R&D: Evidence from Chinese manufacturing industries, *R&D Management* 43(4): 303–17. doi.org/10.1111/radm.12009.

Bai, J. (2013), On regional innovation efficiency: Evidence from panel data of China's different provinces, *Regional Studies* 47(5): 773–88. doi.org/10.1080/00343404.2011.591784.

Belderbos, R., Leten, B. and Suzuki, S. (2013), How global is R&D? Firm-level determinants of home-country bias in R&D, *Journal of International Business Studies* 44(8): 765–86. doi.org/10.1057/jibs.2013.33.

Boeing, P. and Mueller, E. (2019), Measuring China's patent quality: Development and validation of ISR indices, *China Economic Review* 57: 101331. doi.org/10.1016/j.chieco.2019.101331.

Buesa, M., Heijs, J. and Baumert, T. (2010), The determinants of regional innovation in Europe: A combined factorial and regression knowledge production function approach, *Research Policy* 39(6): 722–35. doi.org/10.1016/j.respol.2010.02.016.

Cai, F. (2010), Demographic transition, demographic dividend, and Lewis turning point in China, *China Economic Journal* 3(2): 107–19. doi.org/10.1080/17538963.2010.51 1899.

Chan, H.P. (2010), The determinants of international patenting for nine agricultural biotechnology firms, *The Journal of Industrial Economics* 58(2): 247–78. doi.org/10.1111/j.1467-6451.2010.00420.x.

Chen, K. and Guan, J. (2010), Measuring the efficiency of China's regional innovation systems: Application of network data envelopment analysis (DEA), *Regional Studies* 46(3): 355–77. doi.org/10.1080/00343404.2010.497479.

Chun, H. and Mun, S.-B. (2012), Determinants of R&D cooperation in small and medium-sized enterprises, *Small Business Economics* 39(2): 419–36. doi.org/10.1007/s11187-010-9312-5.

Dai, X. and Cheng, L. (2018), The impact of product innovation on firm-level markup and productivity: Evidence from China, *Applied Economics* 50(42): 4570–81. doi.org/10.1080/00036846.2018.1458195.

Fan, P. (2014), Innovation in China, *Journal of Economic Surveys* 28(4): 725–45. doi.org/10.1111/joes.12083.

Fan, P., Wan, G. and Lu, M. (2012), China's regional inequality in innovation capability, 1995–2006, *China & World Economy* 20(3): 16–36. doi.org/10.1111/j.1749-124X.2012.01285.x.

Figueroa, N. and Serrano, C.J. (2013), *Patent trading flows of small and large firms*, NBER Working Paper Series No. 18982, Cambridge, MA: National Bureau of Economic Research. doi.org/10.3386/w18982.

Fisch, C., Sandner, P. and Regner, L. (2017), The value of Chinese patents: An empirical investigation of citation lags, *China Economic Review* 45: 22–34. doi.org/10.1016/j.chieco.2017.05.011.

Fischer, M.M., Fröhlich, J. and Gassler, H. (1994), An exploration into the determinants of patent activities: Some empirical evidence for Austria, *Regional Studies* 28(1): 1–12. doi.org/10.1080/00343409412331348026.

Fu, W., Diez, J.R. and Schiller, D. (2012), Regional innovation systems within a transitional context: Evolutionary comparison of the electronics industry in Shenzhen and Dongguan since the opening of China, *Journal of Economic Surveys* 26(3): 534–50. doi.org/10.1111/j.1467-6419.2012.00721.x.

Fu, X. and Mu, R. (2014), Enhancing China's innovation performance: The policy choices, *China & World Economy* 22(2): 42–60. doi.org/10.1111/j.1749-124X.2014.12061.x.

Garnaut, R. and Huang, Y. (2006), Continued rapid growth and the turning point in China's development, in R. Garnaut and L. Song (eds), *The Turning Point in China's Economic Development*, 12–34, Canberra: ANU Press. doi.org/10.22459/TPCED.08.2006.02.

Gedik, Y. (2012), Geographical localisation of knowledge spillovers by Australian patent citations, *Economic Papers: A Journal of Applied Economics and Policy* 31(2): 173–81. doi.org/10.1111/j.1759-3441.2012.00172.x.

Gorodnichenko, Y. and Schnitzer, M. (2013), Financial constraints and innovation: Why poor countries don't catch up, *Journal of the European Economic Association* 11(5): 1115–52. doi.org/10.1111/jeea.12033.

Guo, D., Guo, Y. and Jiang, K. (2016), Government-subsidised R&D and firm innovation: Evidence from China, *Research Policy* 45(6): 1129–44. doi.org/10.1016/j.respol.2016.03.002.

Hammadou, H., Paty, S. and Savona, M. (2014), Strategic interactions in public R&D across European countries: A spatial econometric analysis, *Research Policy* 43(7): 1217–26. doi.org/10.1016/j.respol.2014.01.011.

Hu, A.G.Z., Zhang, P. and Zhao, L. (2017), China as number one? Evidence from China's most recent patenting surge, *Journal of Development Economics* 124: 107–19. doi.org/10.1016/j.jdeveco.2016.09.004.

Huang, L., Liu, X. and Xu, L. (2010), Regional innovation and spillover effects of foreign direct investment in China: A threshold approach, *Regional Studies* 46(5): 583–96. doi.org/10.1080/00343404.2010.520694.

Jefferson, G.H., Bai, H., Guan, X. and Yu, X. (2006), R&D performance in Chinese industry, *Economics of Innovation and New Technology* 15(4–5): 345–66. doi.org/10.1080/10438590500512851.

Kastl, J., Martimort, D. and Piccolo, S. (2013), Delegation, ownership concentration and R&D spending: Evidence from Italy, *The Journal of Industrial Economics* 61(1): 84–107. doi.org/10.1111/joie.12012.

Li, C. and Lu, J. (2018), R&D, financing constraints and export green-sophistication in China, *China Economic Review* 47: 234–44. doi.org/10.1016/j.chieco.2017.08.007.

Liu, F.-C., Simon, D.F., Sun, Y.-T. and Cao, C. (2011), China's innovation policies: Evolution, institutional structure, and trajectory, *Research Policy* 40(7): 917–31. doi.org/10.1016/j.respol.2011.05.005.

López, A. (2008), Determinants of R&D cooperation: Evidence from Spanish manufacturing firms, *International Journal of Industrial Organization* 26(1): 113–36. doi.org/10.1016/j.ijindorg.2006.09.006.

Minami, R. and Ma, X. (2010), The Lewis turning point of Chinese economy: Comparison with Japanese experience, *China Economic Journal* 3(2): 163–79. doi.org/10.1080/17538963.2010.511912.

National Bureau of Statistics of China (NBS) (2011–17), *China Industry Statistical Yearbook*, Beijing: China Statistics Press.

National Bureau of Statistics of China (NBS) (2021), *Annual Data*. Beijing: National Bureau of Statistics China. Available from: data.stats.gov.cn/easyquery.htm?cn=C01.

Nicholas, T.O.M. (2011), Did R&D firms used to patent? Evidence from the first innovation surveys, *The Journal of Economic History* 71(4): 1032–59.

Okamuro, H., Kato, M. and Honjo, Y. (2011), Determinants of R&D cooperation in Japanese start-ups, *Research Policy* 40(5): 728–38. doi.org/10.1016/j.respol.2011.01.012.

Organisation for Economic Co-operation and Development (OECD) (2018), *Oslo Manual 2018: Guidelines for collecting, reporting and using data on innovation*, 4th edn, Paris: OECD. Available from: www.oecd.org/science/oslo-manual-2018-978926430604604-en.htm.

Rafiq, S., Salim, R. and Smyth, R. (2016), The moderating role of firm age in the relationship between R&D expenditure and financial performance: Evidence from Chinese and US mining firms, *Economic Modelling* 56: 122–32. doi.org/10.1016/j.econmod.2016.04.003.

Sun, S. and Anwar, S. (2019), R&D activities and FDI in China's iron ore mining industry, *Economic Analysis and Policy* 62: 47–56. doi.org/10.1016/j.eap.2019.01.003.

Wang, Z., Yao, Z., Gu, G., Hu, F. and Dai, X. (2014), Multi-agent-based simulation on technology innovation-diffusion in China, *Papers in Regional Science* 93(2): 385–408.

World Bank (2021), *World Development Indicators*, Washington, DC: The World Bank Group. Available from: datatopics.worldbank.org/world-development-indicators/.

Wu, F., Wu, H. and Zhang, X. (2020), How does innovation activity affect firm export behavior? Evidence from China, *Emerging Markets Finance and Trade* 56(8): 1730–51. doi.org/10.1080/1540496X.2019.1694889.

Wu, X. (2012), The evolution of innovation policy in China: A brief introduction, *Australian Economic Review* 45(4): 463–66. doi.org/10.1111/j.1467-8462.2012.00706.x.

Zhang, D. and Xie, Y. (2020), Synergistic effects of in-house and contracted R&D on export performance: Evidence from China, *Applied Economics Letters* 27(1): 9–13. doi.org/10.1080/13504851.2019.1605582.

Zhou, Y. (2014), Role of institutional quality in determining the R&D investment of Chinese firms, *China & World Economy* 22(4): 60–82. doi.org/10.1111/j.1749-124X.2014.12075.x.

Zhou, Y. and Song, L. (2016), International trade and R&D investment: Evidence from Chinese manufacturing firms, *China & World Economy* 24(1): 63–84. doi.org/10.1111/cwe.12144.

Zhu, C., Qiu, Z. and Liu, F. (2021), Does innovation stimulate employment? Evidence from China, *Economic Modelling* 94: 1007–17. doi.org/10.1016/j.econmod.2020.02.041.

第七章 中国企业部门的发展状况

乔尔·鲍曼[*]

一 引言

中国企业部门的发展状况对中国经济增长和金融稳定至关重要，也对包括澳大利亚在内的中国主要贸易伙伴有重大影响。中国的企业投资一直是经济增长的重要来源，并驱动了对资源型商品的需求。然而，由于同样的原因，企业部门也一直是非金融部门杠杆的最大贡献者，而且按照国际标准，中国的企业债务规模仍然保持在高位。对中国企业的经营活动和财务状况的分析，也有助于对中国经济更宏观的发展轨迹和政策影响企业的有效性进行评估。

此前很多研究考察了中国企业部门的经营状况。[①] 这些研究已经描述了2008年以来中国企业盈利能力的下降和杠杆率的上升。这种情况源于债务融资型投资的快速增长，而债务融资型投资决策正是中国政府为应对全球金融危机所采取的刺激政策的一部分。

本章通过引用中国国家统计局的工业企业调查数据来刻画最新发展情况。然而，国家统计局数据仅覆盖了部分行业，且仅限于一定规模以上的企业。[②]

---

[*] 本章修改自澳大利亚储备银行的工作论文（Bowman，2019），仅代表作者观点，不代表澳大利亚储备银行的意见。作者感谢 Eden Hatzvi 提出的有益建议。

① 包括 Lam 等（2017），Laurenceson 和 Ma（2019），Read（2017），Roberts 和 Zurawski（2016），Zhang 等（2015）。

② 中国国家统计局（NBS）公布了年营业收入超过 2000 万元的工业（矿业、制造业和公用事业）、房地产和建筑企业的企业财务状况汇总数据。

因此，为了进行更详细的分析，本章使用了来自上市公司财务报表的替代性数据。截至 2020 年中，在上海和深圳证券交易所上市的非金融企业超过 3700 家，资产总额达到 68 万亿元人民币（10 万亿美元）。[①] 上市公司代表中国庞大的企业部门中占比相对较小但一直增长的部分，这些非金融企业 2019 年的债务占全部企业债务的 10% 左右。

二　私人部门驱动下的盈利能力下降

一系列指标表明，过去几年来，中国企业的收入和利润增速放缓。在经过 2008～2009 年的经济刺激以后，国家统计局的工业企业调查数据捕捉到的工业企业盈利能力一直呈下降趋势。这一下降趋势在很大程度上反映了在经济刺激期间投资的大幅增长以后，最新大额资本支出的回报率出现了下降。2016～2017 年，在供给侧结构性改革的政策框架下，政府努力降低过剩产能、杠杆率和经营成本，使企业的盈利能力有所回升（Boulter，2018）。然而，在过去几年中，收入和利润增长再次出现了放缓，资产回报率呈现大幅下降趋势（见图 7.1）。

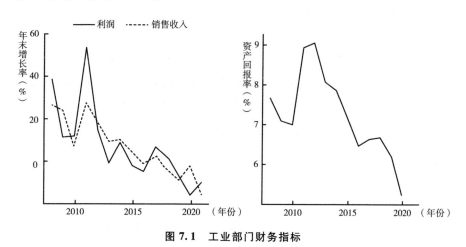

图 7.1　工业部门财务指标

注：左图的最新观察值截至 2021 年 4 月；资产回报率用总利润除以总资产来估算。
数据来源：作者计算；CEIC 数据。

---

① 数据来自 Wind 资讯，包括在上海证券交易所与深圳证券交易所上市的所有 A 股非金融企业。样本是非平衡的，因此它包含了各个时点上在交易所上市的所有企业。

自 2015 年以来，企业盈利能力的下降的主要原因是民营企业盈利能力下降，尽管民营企业目前的盈利能力仍然高于国有企业（见图 7.2）。[①] 相比之下，国有企业的盈利能力一直呈上升趋势。上市公司财报数据表明，近年来企业部门盈利能力的放缓是由民营企业尤其是小型企业所推动的，国有企业的盈利能力在 2016～2019 年有所回升（见图 7.3）。[②]

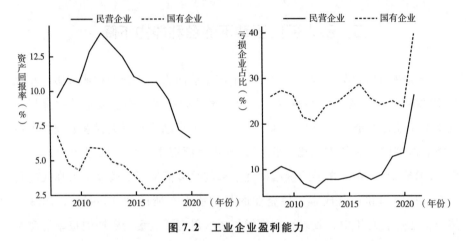

图 7.2　工业企业盈利能力

注：资产回报率用总利润除以总资产来估计。右图的最新观察值截至 2020 年 4 月。
数据来源：作者计算；CEIC 数据。

出现上述情形的可能原因是，国有企业的盈利能力继续受到供给侧结构性改革的正向影响，这些企业的高杠杆和过剩产能使其成为相关政策的首要目标。国有企业的应对措施是减少投资支出和降低过剩产能。这在国有企业主导的行业中非常明显，如采矿业，但建筑业中的国有企业除外，它们的股本回报率随杠杆率的降低而下降，但资产回报率几乎没有变化。

中国监管机构降低金融系统性风险的措施似乎加剧了民营企业盈利能力的下降。这些措施导致了对那些监管较少的信贷来源的挤压，而民营企业往往更加依赖这些信贷来源。盈利能力的恶化也可能与全球制造业和贸易增速

[①]　使用国家统计局的所有制分类标准来确定国有企业和民营企业分类，国有企业主要是"国有控股企业"，包括全资国有企业、国家出资公司和国有资产比例高于同一企业中任何其他单一股东的国有合资经营企业。

[②]　这项研究使用 Wind 资讯的所有制分类标准，确定了上市企业中的国有企业与民营企业。国有企业包括"地方国有企业"和"中央国有企业"。所有制类型不随时间变动。

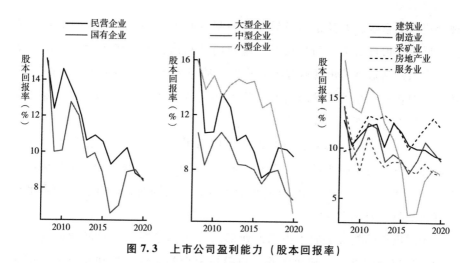

图 7.3 上市公司盈利能力（股本回报率）

注：净资产收益率用总利润（不含商誉减值损失）除以净资产总额得到。净资产为负的企业被排除掉。企业按规模分为小型（资产少于 10 亿元人民币或 1.4 亿美元）、中型（资产多于 10 亿元但少于 60 亿元人民币，或 1.4 亿美元~8.5 亿美元）和大型（资产多于 60 亿元人民币或 8.5 亿美元）。在此使用了中国证监会的行业分类。

的普遍放缓有关，从而恶化了出口导向型企业（主要集中于规模相对更小的民营企业）的现金流。

以民营企业为主的制造业和服务业上市公司盈利能力出现了普遍的下降。制造业所有子部门都出现了收入和利润增速的放缓。汽车制造业企业的盈利能力还受到更严格排放标准的严重影响，使车企按旧标准设计的车型的生产下降速度，快于按照新标准设计车型的生产增长速度（Cui, 2019）。服务业上市公司盈利能力的下降似乎与消费支出增长的放缓有关，住宿、娱乐和零售服务业的盈利能力下降尤为严重。

最近，从这些数据中还可看出新冠疫情的影响。对人员活动的限制导致收入增长进一步萎缩，而且 2020 年民营企业和国有企业的亏损比例都大幅度上升。

三 私人部门最易受到全球贸易放缓的影响

中国民营企业盈利能力的下降，部分地与全球发展环境有关。受到一些发达经济体增长放缓以及中美贸易摩擦的影响，全球贸易放缓可能会对企业现金流产生影响，尤其是出口导向型的制造业企业。2020 年出口的强劲反弹，反映了市场对个人防护设备、医疗用品和远程办公所需物品的需求增加；中国是新冠疫情出现后首批恢复生产的经济体之一，也因此从中受益。然而，随着疫情相关需求的消退以及 2020 年全球经济增速的急剧下降，中国的出口增长也恢复下降趋势。

上市民营企业从海外获得收入的比例高于国有企业，并且随着时间推移，这种情况越来越明显，这体现在如下事实中：来自民营企业的中国出口占比从 2000 年的 5% 上升到 2020 年的 50%，与此同时，国有企业的贡献比例有所下降（见图 7.4）。

中国出口的放缓影响了中国产业部门（尤其是制造业）的就业（见图7.5）。出口导向型企业相比那些出口敞口较低的企业，更加具有劳动密集型特征，它们通过降低劳动强度来应对贸易的放缓（Bowman，2019）。

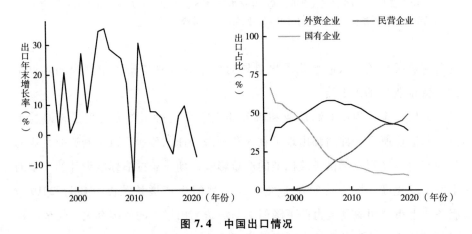

图 7.4　中国出口情况

注：左图的最新观察值截至 2021 年 5 月。
数据来源：作者计算；CEIC 数据。

四　企业杠杆率持续下降

过去几年，以债务股本比率衡量的企业部门杠杆率有所下降（见图 7.6）。[①]

[①]　国际清算银行（BIS）认为中国非金融企业债务占 GDP 的比重从 2016 年的 160% 下降至 2019 年的 149%，这也表明企业杠杆率的下降。

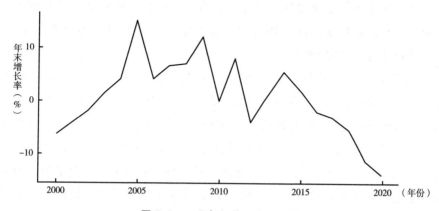

图 7.5　工业部门就业人数增速

数据来源：作者计算；CEIC 数据。

国有企业杠杆率的下降反映了供给侧结构性改革政策的成功。通过将"去杠杆"作为央企的关键绩效指标，供给侧结构性改革政策得到了加强（中华人民共和国国务院，2018）。

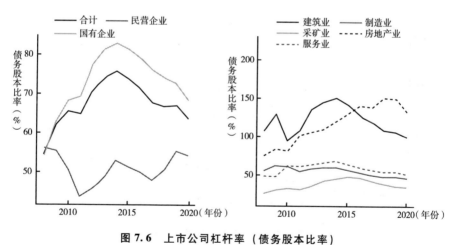

图 7.6　上市公司杠杆率（债务股本比率）

注：债务股本比率使用总债务（有息负债）除以总股本，负资产企业除外。
数据来源：作者计算；Wind 资讯。

　　近年来，建筑业和采矿业的杠杆率一直在下降，这在很大程度是由国有企业推动的。由于供给侧结构性改革，过剩产能下降可能会提升活下来企业的盈利能力，并增加其去杠杆的空间。上市建筑企业杠杆率的降低，也因资本支出转向债务偿还而得到现金流的支持。制造业和服务业（主要由民营企业主导）的杠杆率，自 2010 年以来有所缓和，在过去几年也保持稳定。

经过多年的强劲增长，房地产行业的杠杆率仍在提高，但自 2017 年以来有所下降（见图 7.7）。然而，传统的杠杆率指标（如债务股本比率）并不能充分反映房地产开发商的财务风险，因为它们排除了预售房等非债务性负债。考虑到债务性负债和非债务性负债，中国上市和未上市的房地产开发商的融资流数据显示，截至 2019 年中，房地产开发商至少有 26 万亿元的债务尚未偿还（占 GDP 的 27%）。[①] 由于担心对其他行业的融资产生挤出效应，政府出台了针对房地产行业融资的约束政策（Guo，2019）。

对此，房地产开发商的应对方式是增加预售的占比以及延迟施工和推迟交付时间，以减少近期支出（Kemp 等，2020）。这就增加了开发商在交付预售房所需资金出现短缺时面临财务压力的风险。虽然加强对房地产融资的监管可能有助于防止杠杆率的进一步上升，但也可能增加行业应对负面冲击的脆弱性。

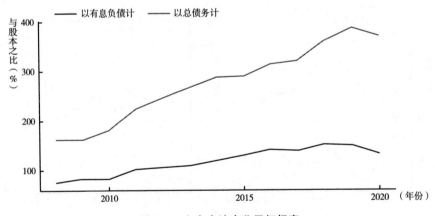

图 7.7 上市房地产公司杠杆率

注：负资产企业除外。

数据来源：作者计算；Wind 资讯。

---

① 其中包括 11 万亿元的银行贷款、3 万亿元的信托贷款、2 万亿元的委托贷款、4 万亿元的未偿债务，以及 6 万亿元的存款和预付款。

五 新冠疫情发生前，小企业的财务状况收紧

为了应对去杠杆政策，新冠疫情发生前，小型企业（多为民营企业）的融资条件收紧。政策主要针对中国的影子银行和小型银行，它们都向小型企业发放了超额贷款，导致小型企业的贷款增速慢于整体贷款增速。小型企业贷款增长相对较慢，似乎是供给驱动的。因为调查数据表明，小型企业的贷款需求自 2018 年以来有所增加（见图 7.8）。

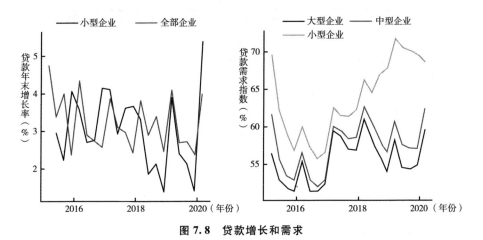

图 7.8 贷款增长和需求

注：作者计算；CEIC。

上市公司数据也显示了融资条件的收紧。因为在过去几年，小型企业的隐含利率相比大型企业增速更快（见图 7.9）。

小型民营企业融资条件的收紧因交易型信贷的发展而进一步恶化。国有企业通过推迟向私人供应商付款来改善自身流动性。这导致民营企业应收账款的平均回收天数出现了大幅增加（见图 7.10）。

上市民营企业尤其是小型民营企业所有者对这种财务状况的收紧做出了回应，通过抵押越来越多的股权获得融资。[①] 融资条件的收紧也导致民营企业的公司债违约率上升（尽管目前仍然比较低）。

---

① 更多细节可以参考 IMF（2019）。

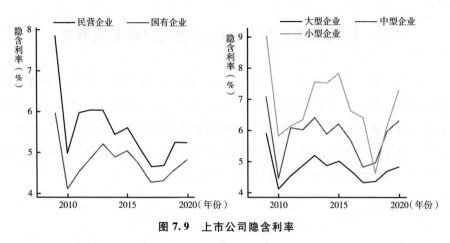

图 7.9　上市公司隐含利率

注：用当前和以往年度利息支出与年度债务比率估计，净资产为负或净负债的企业除外。

数据来源：作者计算；Wind。

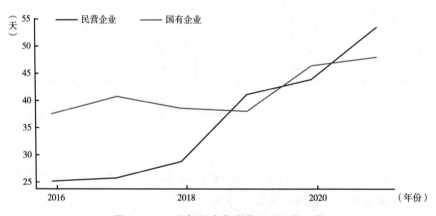

图 7.10　工业部门应收账款平均回收天数

注：最新观察值截至 2020 年 4 月。

数据来源：CEIC。

六　政府对最新趋势做出的回应

为了应对这些趋势以及新冠疫情的影响，中国政府采取了一系列的宽松措施。这些措施的重点是缓解民营企业尤其是小型民营企业面临的财务压力。截至目前，政府采取了如下措施。①

·各级金融监管机构指示银行增加对民营企业的贷款（Guo，2018），还包括为大型商业银行制定小微企业贷款的增长率目标。政府还于2020年5月宣布，应尽可能延长中小企业的贷款偿还期限（Li，2020）。

·中国人民银行（PBC）推出了一系列的新措施来支持信贷流动，特别是支持小企业的信贷流动，这包括有针对性地降低存款准备金率和部分贷款的利率，还扩大了央行的再贷款规模。②

·在财税领域，不断扩大对小企业的减税降费幅度，包括免除小企业对养老保险、失业保险和工伤保险等的缴款，减少或取消小规模纳税人的增值税，小企业缴纳企业所得税推迟至2021年（STA，2020）。

·央企必须降低小企业租金，尤其是受新冠疫情冲击严重的小企业的租金（国资委，2020）。

·坚决杜绝国有企业拖欠民营企业账款的行为，降低不断增长的民营企业应收账款存量（李克强，2018）。

政府还通过稳步增加直接补贴的额度，更大范围地对企业部门提供支持（见图7.11），其中越来越多的补贴用于大型企业，尤其是大型制造业企业。政府还通过其他多项措施向企业部门提供支持。例如，与民营企业相比，国有企业获取资金的成本更低，也更容易，部分原因是人们普遍认为国有企业具有隐性担保（Bunny，2020）。最近，民营企业特别是小型民营企业的借贷成本却在上升，尽管政府正在努力降低这些成本。在实践中，为小型民营企业缓解财务状况，可能是政府面临的一项具有挑战性的任务。

七　提高企业部门的效率

近年来，中国政府采取了如下一系列措施，如果这些措施都得到成功实施，那么将提升中国企业部门的效率。

·促进土地、劳动力和资本的市场化配置，从而使有效率的企业能够轻松

---

① 中国人民银行和CBIRC（2019）阐述了中国小型民营企业融资问题和政策应对方面的更多细节。

② 再贷款机制使得商业银行能从中国人民银行那里获得资金，从而可以向特定客户发放贷款——一般是小企业。

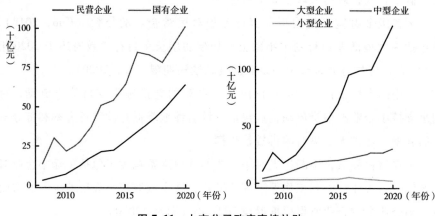

图 7.11　上市公司政府直接补贴

注：企业按规模分为小型企业（资产低于 10 亿元人民币或约 1.4 亿美元）、中型企业
（资产大于 10 亿元人民币、小于 60 亿元人民币，或约 1.4 亿美元~8.5 亿美元）和大型企业
（资产大于 60 亿元人民币或约 8.5 亿美元）。

数据来源：作者计算；Wind 资讯。

获得必要的生产要素。中国政府计划通过农村土地征收制度、工业用地及其土
地管理机制等的改革，增强土地配置的市场化程度，通过放宽户籍限制、深化
户籍制度改革，加强劳动力的配置效率；通过完善股票市场的发行和退市机制、
加快证券市场发展以及向国际市场开放金融业，深化资本的市场化配置。

　　·遵循竞争中性原则，让各种所有制形式的企业得到平等待遇，并在国
有和民营部门之间有效地配置资源（Li，2019）。经合组织（OECD，2012）
建议，竞争中性框架应包含以下一些要素：提供公共服务的国有企业应得到
充分和透明的补偿，而国有企业的商业运营应该与其公共服务职责相区分；
在商业环境和竞争环境中运营的国有企业应获得与可比民营企业类似的回报
率；国有企业和民营企业应享受同等的税收、监督和政府采购待遇；关于债
务中性原则，中国人民银行金融研究所副所长莫万贵（2019）认为民营企
业和国有企业在产权保护、市场准入和平等地获得包括金融资源在内的生产
要素等方面仍然存在差距。

　　·解决僵尸企业问题。国务院下令关闭或重组僵尸企业。僵尸企业被定
义为在产能过剩行业已经连续三年亏损的企业（国务院，2015）。政府希望
通过改善破产程序、增加对兼并重组的财政支持以及严格禁止对僵尸企业的
财政补贴来实现这些目标。国务院（2019）建议在 2020 年底前完成对僵尸

企业的处置。

以上的许多改革措施可能难以实施。不仅如此，近年来中国政府还采取了一系列措施加强国家在企业部门活动中的作用，这表明效率优先在一定程度上受到了限制。例如，政府部门已经寻求加强对企业决策的监督（无论是国有企业还是民营企业），并将更多的资本投入战略产业中（Naughton，2018）。中国政府指导企业部门各项活动的能力，也是中国经济从新冠疫情中快速恢复的一个原因。因此，政府在实施会削弱这种应对未来危机能力的改革时，会更加谨慎。

八 结论

随着经济增速的普遍放缓，中国企业部门的盈利能力一直呈下降趋势。近年来，中国国内金融监管趋紧、全球贸易放缓，以及 2020 年国内外的疫情防控措施，都拖累了企业盈利能力。盈利能力下降主要是由劳动密集型民营企业拖累，并导致了工业部门就业的疲软。

政府降低系统性金融风险的努力，成功地降低了中国企业部门的杠杆率。然而，小型民营企业财务状况有所收紧，这可能是监管审查力度加大的副作用。随后，政府试图改善小型民营企业的财务状况，但在实践中该目标的实现可能具有挑战性。

房地产行业的风险仍然很高，对融资的严格监管导致了开发商越来越依赖于房屋预售等非债务性负债。新冠疫情期间，房地产开发商遭遇现金流困境和无法交付预售房屋的风险进一步加大。

长远来看，中国企业部门的效率可通过有效实施一系列已公布的政策措施来得到提升，其中包括要素市场的自由化、扩大竞争中性政策范围和化解僵尸企业问题。

参考文献

Boulter, J. (2018), China's supply-side structural reform, *RBA Bulletin*, December, Sydney: Reserve Bank of Australia. Available from: www.rba.gov.au/publications/bulletin/2018/dec/chinas-supply-side-structural-reform.html.

Bowman, J. (2019), Conditions in China's corporate sector, *RBA Bulletin*, December, Sydney: Reserve Bank of Australia. Available from: www.rba.gov.au/publications/bulletin/2019/dec/conditions-in-chinas-corporate-sector.html.

Bunny, M. (2020), Private sector financial conditions in China, *RBA Bulletin*, September, Sydney: Reserve Bank of Australia. Available from: www.rba.gov.au/publications/bulletin/2020/sep/private-sector-financial-conditions-in-china.html.

CEIC Data (2021), *CEIC: Global Economic Data, Indicators, Charts & Forecasts*, New York: CEIC Data.

Cui, E. (2019), *The emissions mess in autos*, Gavekal Research Note, July, Hong Kong: Gavekal.

Guo, S. (2018), Guo Shuqing answered questions on financial support for private enterprises, Press release, November, China Banking Insurance and Regulatory Commission, Beijing. Available from: www.cbrc.gov.cn/chinese/newShouDoc/7F7EDCDDD5A04396A00E8E23F8E2E813.html.

Guo, S. (2019), Opening remarks, 11th Lujiazui Forum, Shanghai, 14 June. Available from: www.bis.org/review/r190627n.htm.

International Monetary Fund (IMF) (2019), Box 1.1: China's share-collateralised lending and its financial stability implications, *Global Financial Stability Review* (April): 47–48.

Jahan, S. and Kang, K.H. (2019), Applying competitive neutrality in corporate financing in China, in K. Guo and A. Schipke (eds), *PBC and IMF Seventh Joint Conference: Opening Up and Competitive Neutrality—The international experience and insights for China*, 35–41, Washington, DC: IMF.

Kemp, J., Suthakar, A. and Williams, T. (2020), China's residential property sector, *RBA Bulletin*, June, Sydney: Reserve Bank of Australia. Available from: www.rba.gov.au/publications/bulletin/2020/jun/chinas-residential-property-sector.html#fn4.

Lam, R., Schipke, A., Tan, Y. and Tan, Z. (2017), *Resolving China's zombies: Tackling debt and raising productivity*, IMF Working Paper 17/266, Washington, DC: International Monetary Fund.

Laurenceson, J. and Ma, G. (2019), China's debt challenges: Stylised facts, drivers and policy implications, *Singapore Economic Review* 64(4): 815–37.

Li, K. (2018), Pay close attention to solving the problem of government departments and state-owned enterprises defaulting on private enterprise accounts, [In Chinese], State Council Executive Meeting, Beijing, 10 November. Available from: www.gov.cn/premier/2018-11/10/content_5339135.htm.

Li, K. (2019), Government work report, Delivered at the Second Session of the 13th National People's Congress of the People's Republic of China, Beijing, 5 March.

Li, K. (2020), Government work report, Delivered at the Third Session of the 13th National People's Congress of the People's Republic of China, Beijing, 22 May.

Mo, W. (2019), Competitive neutrality: A summary of the current conditions, in K. Guo and A. Schipke (eds), *PBC and IMF Seventh Joint Conference: Opening Up and Competitive Neutrality—The international experience and insights for China*, 23–25, Washington, DC: IMF.

Naughton, B. (2018), State enterprise reform today, in R. Garnaut, L. Song and F. Cai (eds), *China's 40 Years of Reform and Development: 1978–2018*, 375–91, Canberra: ANU Press. doi.org/10.22459/CYRD.07.2018.20.

Organisation for Economic Co-operation and Development (OECD) (2012), *Competitive Neutrality: Maintaining a level playing field between public and private business*, Paris: OECD Publishing.

People's Bank of China (PBC) and China Banking and Insurance Regulatory Commission (CBIRC) (2019), White paper on financial services for smaller businesses, Press release, 24 June, PBC, Beijing. Available from: www.pbc.gov.cn/en/3688110/3688172/3850272/index.html.

Read, C. (2017), Conditions in China's listed corporate sector, *RBA Bulletin*, June, 67–74, Sydney: Reserve Bank of Australia.

Roberts, I. and Zurawski, A. (2016), Changing patterns of corporate leverage in China: Evidence from listed companies, in L. Song, R. Garnaut, F. Cai and L. Johnston (eds), *China's New Sources of Economic Growth. Volume 1: Reform, resources and climate change*, 271–312, Canberra: ANU Press. doi.org/10.22459/CNSEG.07.2016.12.

State Council (2015), *State Council Cleans Up 'Zombie Enterprises' That Have Suffered Losses for More Than Three Years*, [In Chinese], 10 December, Beijing: State Council of the People's Republic of China. Available from: www.gov.cn/zhengce/2015-12/10/content_5022115.htm.

State Council (2018), *Guiding Opinions on Strengthening the Asset and Liability Constraints of State-Owned Enterprises*, [In Chinese], 13 September, Beijing: State Council of the People's Republic of China. Available from: www.gov.cn/zhengce/2018-09/13/content_5321717.htm.

State Council (2019), *Step Up Efforts to Properly Dispose of Zombie Enterprises*, [In Chinese], 30 January, Beijing: State Council of the People's Republic of China. Available from: www.gov.cn/xinwen/2019-01/30/content_5362166.htm.

State Council (2020), *Opinions of the Central Committee of the Communist Party of China and the State Council on Building a More Complete System and Mechanism for Market-Oriented Allocation of Factors*, [In Chinese], 9 April, Beijing: State Council of the People's Republic of China. Available from: www.gov.cn/zhengce/2020-04/09/content_5500622.htm.

State-Owned Assets Supervision and Administration Commission (SASAC) (2020), *Notice on supporting the development of small, medium and micro enterprises and individual industrial and commercial households to actively reduce or exempt operating house rent*, [In Chinese], SASAC Department Financial Review (2020) No. 42, 3 April, Beijing: SASAC. Available from: www.sasac.gov.cn/n2588030/n2588939/c14767666/content.html.

State Taxation Administration of the People's Republic of China (STA) (2020), Govt work report sends encouraging messages, Press release, 25 May, STA, Beijing. Available from: www.chinatax.gov.cn/eng/c101269/c5150281/content.html.

Tan, Y., Huang, Y. and Woo, W. (2016), Zombie firms and the crowding-out of private investment in China, *Asian Economic Papers* 15(3): 32–55.

Wind Information (1994–2021), *Wind Financial Terminal*, Shanghai: Wind Information Co. Ltd. Available from: www.wind.com.cn/en/wft.html.

Zhang, W., Han, G., Ng, B. and Chan, S. (2015), *Corporate leverage in China: Why has it increased fast in recent years and where do the risks lie?*, Working Paper 102015, Hong Kong: Hong Kong Institute for Monetary Research.

第八章　中国加工贸易转型升级及对企业生产率的影响

李坤望　胡浩然

一　引言

改革开放以来，中国的对外贸易已成为经济增长的重要动力之一。出口占国内生产总值（GDP）的比重从改革开放之初的不足 4% 上升到 2007 年的最高值 34.5%。中国的出口增长在很大程度上与加工贸易的快速发展有很大关系。在全球金融危机（GFC）之前，加工贸易一度占中国出口总额的 50% 以上。加工贸易对中国的就业、工业化和对外贸易做出了巨大的贡献。

中国于 1970 年代末开始推行加工贸易政策。所谓加工贸易，是指从境外保税进口全部或部分原材料、辅助材料、零部件、配件和包装材料，经中国内地的企业加工或组装后，再出口成品的经营活动。中国的加工贸易分为两类：来料加工和进口加工。对于来料加工，进口材料和零部件等由外方提供，外方还负责销售成品。来料加工企业无须为进口支付外汇，只需向外方收取加工费。在进口加工贸易中，企业为进口材料和零部件支付外汇，并在加工后出口成品。

中国的加工贸易是在经济全球化和国际分工不断加深的背景下发展起来的，它依赖低土地成本和低劳动力成本等因素，并受到国际产业转移的推动。然而中国的加工贸易也面临着一些问题。例如，许多加工贸易企业仍然处于全球价值链的低端，技术落后、研发能力低下，许多企业还可能对环境造成严重危害。随着劳动力、土地和资源成本的增长以及环境压力的上升，中国的加工贸易面临着越来越多的挑战。

从 2003 年开始,中国出台了一系列旨在促进加工贸易转型升级的政策。这些措施主要包括:

(1) 吸引外商直接投资于加工贸易中更先进的技术和更高附加值的内容,鼓励跨国企业将其研发中心转移到中国;

(2) 2003~2005 年,七次调整了加工贸易禁止类产品目录,将 1803 种产品纳入其中,以优化加工贸易结构;

(3) 鼓励东部地区劳动力密集型加工企业向中西部地区发展,2006 年以来在中国欠发达地区成功建立了 44 个加工贸易的转移基地;

(4) 减少或取消与能源密集型、高污染和资源型产业相关产品的出口退税;

(5) 2010 年,在珠三角和苏州工业园区创建了两个国家级加工贸易转型升级示范区。

这些政策的总体目标是促进加工贸易从低技术和低附加值转为高技术和高附加值,并引领国内技术升级和经济发展。

图 8.1 显示,2006 年以前,中国的加工贸易和一般贸易的趋势基本相同,但 2007 年以后,加工贸易占出口总额的比重开始急剧下降。2004 年,加工贸易占出口额的比重为 55.3%,2005 年几乎一样。2006 年的小幅下降与 2005 年商务部对加工贸易出口产品目录进行重大调整有关。从 2011 年开始,加工贸易的占比已被一般贸易所超越。

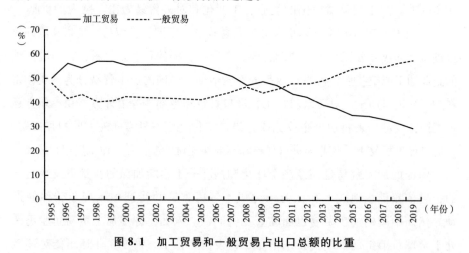

图 8.1　加工贸易和一般贸易占出口总额的比重

数据来源:中国海关总署。

加工贸易的转型升级战略，涉及企业实体、产品目录和产业链的调整。在微观层面，政策对加工贸易企业主要通过三个渠道产生影响：第一，企业从加工贸易转向一般贸易，或不再从事出口业务；第二，企业继续从事加工贸易，但其产品类别转向技术含量更高或附加值更高的产品；第三，加工贸易企业将加工基地从沿海地区转向内陆地区。对产业政策的评估需要考虑其对资源配置的影响。基于异质企业贸易理论，如果一项政策实施后，企业平均生产率提高，那么该政策提高了资源配置效率；否则，它会导致资源错配。

本章旨在研究加工贸易转型升级政策对中国资源配置的影响。我们使用中国海关数据和分行业的面板数据，通过双重差分法实证检验了这些政策对企业生产率的影响。

本章的其余部分安排如下：第二节描述了数据来源，第三节是评估政策的计量经济学假设，第四节是实证检验结果，最后一节是结论。

二　数据来源

本研究使用的数据来自中国制造业企业的两个大型面板数据集。第一个是2002～2006年的中国海关月度交易数据，其中包含六位数产品分类编码水平的所有中国贸易的交易额和交易量数据。我们还使用制造业年度调查中的中国制造业企业信息（国家统计局每年对中国制造业企业进行的广泛调查）补充贸易数据。我们将两个数据集进行合并，创建了一个包含204968个观察结果的样本集，这个样本集占海关数据库的27.7%，占制造业数据库的13.1%。海关数据库的建立是从2000年开始的，比制造业数据库的建立要晚。因此，我们将实证研究的开始时间定为2000年，并选择使用2000～2006年作为研究期间。2007年以后，海关数据库中的"贸易模式"一栏存在大量空白，"一般贸易"的标签缺失。然而，经手工检查后发现，这些空白并不等同于"一般贸易"。从另一个角度来看，受美国次贷危机的影响，中国自2007年2月以后就出现了出口的下降，而加工贸易出口下降得更快。因此，次贷危机加上2008年的"4万亿"经济刺激计划，以及欧债危机等，可能会对相应的观察结果产生不确定的影响。

中国海关月度交易数据库

海关数据库包含了海关总署提供的产品层面的交易数据。它记录了每月进出口企业所有的交易数据，我们将这些数据加总得到年度总额。其中的变量包括：企业名称、电话号码、邮政编码、以美元计价的进出口价值、进出口产品的六位数产品分类编码、出口目的地、运输方式、贸易模式和企业状态。我们使用海关数据来确定企业的贸易模式和贸易状况。贸易模式包括一般贸易、加工贸易和其他贸易模式。我们将标记为"一般贸易"的企业归类为一般贸易企业，将标记为"进口材料加工贸易"或"来料加工贸易"分类的企业归类为加工贸易企业。这两类企业的出口约占全国出口总额的98%。但是上述分类存在一些偏差：由于一些企业同时从事一般贸易和加工贸易，所以我们将其归类为混合贸易模式企业。为了消除样本选择偏差的问题，我们将根据营业收入加工贸易出口所占的比重对混合贸易模式的企业进行分类，然后我们根据需要，分别将它们归入处理组和对照组。

为了直接衡量企业的生产率，我们需要更多企业层面的信息。制造业企业数据库包含企业财务状况、行业和地区等信息。为了合并海关数据和制造业企业数据，我们采用了 Tian 和 Yu（2012）的方法：首先，我们直接匹配企业名称；然后我们对海关数据库中仍然不匹配的数据进行二次匹配。由于海关数据库和制造业数据库中都包含电话号码和邮政编码，我们使用电话号码的最后七位数字和邮政编码作为相关信息来识别两个数据库中的相同企业。

制造业数据库年度数据

制造业数据库的观察结构可以细化到县一级四位数代码的行业。我们遵循现有的研究方法来处理这些观察结果（Brandt et al., 2012; Nie et al., 2012）。在样本期内，行业编码标准发生了变化：2002 年之前，制造业数据库使用《国民经济行业分类与代码》（GB/T 4754—1994）；2003~2006 年，分类标准改为 GB/T 4754—2002。为了保持行业代码的一致，我们将分类标准统一为《国民经济行业分类》（GB/T 4754—2002）。为了验证邮政编码，我们根据国家统计局网站上公布的行政区划代码重新确认邮政编码。我们删除了缺失资产、增加值和固定资产净值等记录的观察结果。我们还删除了不符合会计规则的观察结果，即总资产低于流动资产、总资产低于固定资产净值或累计折旧低于当期折旧的企业。那些员工人数少于 8 人的企业也被排除在外。

制造业数据库包含了企业产值、固定资产和员工人数等指标，这些指标有助于计算全要素生产率（TFP）。目前，识别 TFP 的主流计量经济学方法是 Olley Pakes（1996）的半参数估计方法（简称 OP 方法）和 Levisohn Petrins（2003）的估计方法（简称 LP 方法）。索洛残差容易出现内生性问题和样本选择偏差，而使用 OP 方法和 LP 方法可以解决这些问题。本章使用 OP 方法作为构建 TFP 指数（TFP_OP）的基本回归方法，同时使用 LP 方法作为共同的稳健性检验。计算 TFP 所需的所有数据均来自制造业数据库。

三 实证模型构建

在评估某类产业政策产生的影响时，潜在的问题包括：（1）不能通过构建指数作为回归元来识别直接政策措施；（2）同时参与这一现象的其他外生冲击可能会在我们的估计方法中得到削弱；（3）能够在预处理期间识别平行趋势是至关重要的。为了处理这些问题，我们选择使用双重差分法，通过使用该方法，我们可以将观察对象分成处理组和对照组。通过引入时间虚拟变量，我们能够控制预处理期间的平行趋势。鉴于旨在促进加工贸易转型升级的政策在 2003 年就出台了，我们选择这一年作为处理的起点。

我们认为，出口企业与不参与出口的企业有本质的不同。出口企业容易受到关税和其他外贸政策的影响，而非出口企业的产品市场不受这些波动的影响。外商投资企业和合资企业在中国承担了 85% 的加工贸易（Lu et al.，2010）。早期研究发现，中国的非出口企业比出口企业的效率更高（Dai et al.，2014）。因此，我们将非出口企业排除在样本外。我们选择将主要从事一般贸易的企业作为对照组，将其他主要从事加工贸易的企业集中在处理组中。然后，我们展示了两组企业的年度平均 TFP 趋势。从图 8.2 可以看出，平行趋势的假设得到了满足：2003 年以前，两组企业的平均年生产率几乎没有差异，但 2003 年以后，加工贸易企业的生产率显著下降。我们做了平行趋势检验，结果如表 8.2 所示。

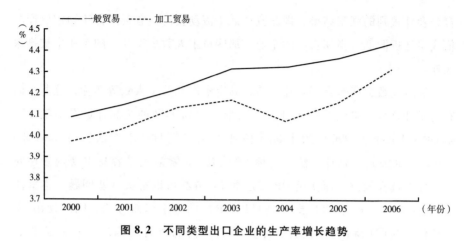

图 8.2　不同类型出口企业的生产率增长趋势

数据来源：中国国家统计局。

　　我们使用固定效应回归模型控制企业区位、部门和时间。计量模型可表述如下：下标 t、j、i 和 r 分别代表年份、企业、两位代码行业和区位；X 是控制变量；ε_{tj} 是误差项。虚拟变量 $treat$ 表示观察对象是否受政策的影响。我们使用 $treat=1$ 表示受政策影响的处理组，使用 $treat=0$ 表示不受政策影响的对照组。$time$ 一项代表时间虚拟变量，表示在这一时期政策是否得到执行。当政策得到执行，我们有 $time=1$；否则，虚拟变量取值为 0。$treat×time$ 一项代表政策和时间的交互项，它代表政策实行前后的净效应。在后文中，我们使用 tt 来代表交互项。为了消除模型中其他因素的干扰，我们还在企业、城市、省份和行业层面引入了控制变量。

$$TFP_{tj} = \alpha_r + \alpha_i + \alpha_t + \beta\, treat_{tj} \times time_{tj} + \sum_n \gamma_n X_{ntj} + \varepsilon_{tj} \qquad \text{公式 8.1}$$

　　在基准回归中，我们首先添加企业层面的控制变量，然后逐步增加城市、省份和行业层面的控制变量。企业资本强度（$capint$）通过使用固定资产净值的年均值除以所有雇员数的年均值计算得到。然后我们将这些变量取对数，并使用以 2000 年为基年的固定资产价格指数将其做平减处理。企业年龄是用企业实际存续时间长度来测度的，我们通过取当年与企业成立年份之间差值的对数来衡量，支付能力（$wage$）是通过取企业应付员工薪酬与所有员工工作年限均值之比的对数来测度的。生产能力（$output$）是以不变价格人均工业总产值的对数来测度的。然后，我们使用以 2000 年为基年的工业生产值价格指数对其进行平减。企业的规模用员工人数的对数来测度。企业盈利水平（*prorate*）通过对人均总利润取对数来测度，然后用工业生产者价格指数进行平减。我们通过 10 位海关企业编码中的第 6 位来识别该企业的状态，并将数字"4"和"9"识别为外资企业，将数字"2"和"3"识别为中外合作企业和中外合资企业。虚拟变量 *foe* 被设定为外资背景企业，即当企业为外资企业或中外合资/合作企业时，取值为 1，否则取值为 0。国有企业和集体企业分别用"1"和"5"表示。我们设定了虚拟变量 *soe*，对国有企业和集体企业取值为 1，民营企业和个体经营户分别用数字"6"、"7"和"8"来表示，我们将这些观察对象统称为私人企业。出口产品的技术强度在很多方面有所不同，我们使用了 Lall 等（2006）提出的分类方法来衡量每个企业每种产品的技术强度水平。我们以一家企业出口占比最高产品的技术强度来衡量企业的技术水平。然后，我们将高技术强度虚拟变量设定为 *htech*，对于高技术强度的企业，该值为 1。同样，*mtech* 一词是指技术强度为中等的企业。

在接下来的稳健性检验中，为了消除区域和行业经济发展水平上的方差干扰，我们引进了城市、省份和行业控制变量。区域收入水平（*lnwage*）是用地级市的人均工资来测度的，人均工资用消费者价格指数进行了平减。区域资本强度（*pcap*）通过地级市的人均固定资产来测度。区域发展水平（*pgdp*）通过地级市的人均 GDP 来测度，我们对其取对数，然后使用 GDP 平减指数对其进行平减。区域交通状况（*pky*）是用地级市的城市客运量与该地区常住人口之比来衡量的。每个省的市场化程度（*market*）由 Fan 等（2011）提出的每个省的市场化进程综合指数来测度。每个省份的经济聚集度（*ecoag*）是基于 Shi 和 Zhang（2016）的方法构建的，即根据每个省份的 GDP 与其行政区划面积的比率来测度。产业结构（*FGP*）以同一城市中农业产值占总产值之比来测度。行业集中度（*HHI*）用于反映行业 i 的竞争程度，即赫芬达尔指数：$HHI_i = \sum_j (y_i^j)^2$。其中 y_i^j 表示企业 j 雇佣的劳动力在行业 i 中所占的比例。这里的行业，指的是两位代码行业。产业集聚程度（*IDSAG*）基于 Ellison 和 Glaeser（1999）提出的方法进行构建，主要是考虑到行业中企业构成的差异，即一些行业由大型企业组成，而另一些行业由大量小型企业组成。对应的下标如下：r

代表城市；x_r代表在城市 r 的就业人口占全国就业人口的比重；s_r^i代表全国范围内，在城市 r、行业 i 的就业人口占 i 行业全国就业人口的比重，与先前构造的行业集中度的测度方式类似，不过我们在此选取了四位代码的行业。

$$IDSAG_i = \frac{\sum_r (x_r - s_r^i)^2 - \left[1 - \sum_r (x_r)^2\right] H_i}{\left[1 - \sum_r (x_r)^2\right](1 - H_i)}$$

公式 8.2

四　回归结果

基本结果

由于 Hausman 检验拒绝了随机效应模型拟合方法，所以我们在本研究中选择固定效应模型。在基准模型设定中，一旦控制企业区位、部门和时间效应，TFP 的异质性主要来自出口类型的跨企业差异。回归结果显示，交互项系数为负，并在 1% 的水平上显著。由于出口模式的选择可能取决于企业的异质性，我们通过倾向得分匹配（PSM）方法对样本进行聚类。第（5）列和第（6）列中报告的结果使用了匹配样本的回归模型。此外，双重差分法（DID）在不同的样本集上被证明是稳健的。

如表 8.1 所示，我们发现加工贸易转型升级政策对企业的 TFP 产生了负向作用。之前的研究揭示了加工贸易在出口学习效应中的因果作用（Ge，1999），特别是对于那些国内企业主要从事加工贸易的国家来说更是如此（Kandogan，2003）。早期研究也集中于与这种学习效应相关的经济增长（Feenstra & Hanson，1995）。另一方面，除了潜在的正向激励效应外，这些转型升级政策还可能在短期内产生挤出效应（Shang & Zhu，2017），从而增加市场运营成本。在经济发展过程中，产业结构不断优化（Gan et al.，2011），为了达到监管的要求，企业需要调整其生产战略或引入新的生产流程，这就可能会削弱其原有的创新强度，限制其创新能力或降低其企业利润和生产率（Blonigen，2016）。

表 8.1 基准模型回归

变量	（1）	（2）	（3）	（4）	（5）	（6）
	TFP_OP	TFP_OP	TFP_LP	TFP_LP	TFP_OP	TFP_LP
tt	−0.1260 ***	−0.1390 ***	−0.1180 ***	−0.1290 ***	−0.1730 ***	−0.1320 ***
	（0.0107）	（0.0133）	（0.0107）	（0.0133）	（0.0174）	（0.0171）
wage	0.3700 ***	0.3800 ***	0.4050 ***	0.4210 ***	0.4260 ***	0.4490 ***
	（0.0042）	（0.0075）	（0.0042）	（0.0076）	（0.0124）	（0.0124）
age	0.0780 ***	0.0590 ***	0.0310 ***	0.0130 ***	0.0650 ***	0.0120 *
	（0.0041）	（0.0044）	（0.0041）	（0.0044）	（0.0068）	（0.0067）
scale	0.0370 ***	0.0460 ***	0.4760 ***	0.4850 ***	0.0720 ***	0.5200 ***
	（0.0030）	（0.0051）	（0.0030）	（0.0051）	（0.0069）	（0.0070）
capint	0.0140 ***	−0.0140 ***	0.0680 ***	0.0420 ***	0.0070	0.0710 ***
	（0.0023）	（0.0035）	（0.0023）	（0.0035）	（0.0053）	（0.0052）
output	0.0000 ***	0.0000 ***	0.0000 ***	0.0000 ***	0.0000 ***	0.0000 ***
	（0.0000）	（0.0000）	（0.0000）	（0.0000）	（0.0000）	（0.0000）
prorate	0.8530 ***	0.8470 ***	0.852CT *	0.8470 ***	0.6700 ***	0.6680 ***
	（0.0117）	（0.2018）	（0.0117）	（0.2025）	（0.2329）	（0.2399）
htech	0.1160 ***	0.0440 ***	0.1120 ***	0.0430 ***	0.0350 **	0.0530 ***
	（0.0083）	（0.0109）	（0.0083）	（0.0109）	（0.0162）	（0.0160）
mtech	0.0080	0.0150 *	0.0030	0.0150 *	0.0050	0.0240 *
	（0.0070）	（0.0080）	（0.0070）	（0.0080）	（0.0129）	（0.0129）
foe	0.0100	0.0240 ***	−0.0030	0.0090	0.0180	−0.0120
	（0.0079）	（0.0079）	（0.0079）	（0.0079）	（0.0128）	（0.0125）
soe	−0.0020	−0.0400 ***	0.0050	−0.0420 ***	−0.0820 ***	−0.1080 ***
	（0.0115）	（0.0124）	（0.0115）	（0.0124）	（0.0178）	（0.0177）
cons	2.8100 ***	3.0370 ***	2.7720 ***	2.9590 ***	1.7640 ***	1.8600 ***
	（0.0212）	（0.2587）	（0.0212）	（0.2586）	（0.3406）	（0.3342）
城市固定效应	—	是	—	是	是	是

变量	(1)	(2)	(3)	(4)	(5)	(6)
	TFP_OP	TFP_OP	TFP_LP	TFP_LP	TFP_OP	TFP_LP
行业固定效应	—	是	—	是	是	是
年份固定效应	—	是	—	是	是	是
样本数	135264	135264	135002	135002	53088	53020

注：*** $p<0.01$，** $p<0.05$，* $p<0.1$；括号中的数字表示标准误；模型（1）和模型（3）是随机效应回归模型。

平行趋势和稳健性检验

我们借鉴了 Alder 等（2016）的方法来做平行趋势检验，即对于每一个年度，增加一个年度虚拟变量 $year\_dum$ 到模型中。例如，对于 2003 年，我们令相应的年度虚拟变量等于 1，而其他年度的观察值等于 0。除此之外，我们还增加了交互项 $treat \times year\_dum$ 来识别时间虚拟变量 t_year 和政策虚拟变量 $treat$ 联合产生的效应。在实证研究部分，使用 t_year 来替换 $treat \times year\_dum$，如在 2003 年，它可以表述为 t_2003，如公式 8.3 所示。回归结果见表 8.2。

$$TFP_{ij} = \alpha_r + \alpha_i + \alpha_t + \beta\, treat_{ij} \times time_{ij} + \sum_n \lambda_n year\_dum_{ij}$$
$$+ \sum_n \mu_n\, treat_{ij} \times year\_dum_{ij} + \sum_n \gamma_n X_{nij} + \varepsilon_{ij} \qquad \text{公式 8.3}$$

表 8.2　平行趋势检验

变量	(1)	(2)
	TFP_OP	TFP_OP
t_2000	−0.0440	−0.0580
	(0.0346)	(0.0353)
t_2001	−0.0320	−0.0380
	(0.0251)	(0.0256)

续表

变量	(1)	(2)
	TFP_OP	TFP_OP
t_2002	0.0190	0.0140
	(0.0414)	(0.0414)
t_2003	−0.1150 ***	−0.1040 ***
	(0.0296)	(0.0282)
t_2004	−0.2150 ***	−0.2070 ***
	(0.0277)	(0.0274)
t_2005	−0.1580 ***	−0.1590 ***
	(0.0280)	(0.0270)
t_2006	−0.1340 ***	−0.1440 ***
	(0.0333)	(0.0337)
样本数	135264	135002

注：*** $p<0.01$，** $p<0.05$，* $p<0.1$；括号中数字表示标准误。

可以看出，2000~2002 年的交互项系数在统计上并不显著，但在 2003 年以后变得显著为负，表明平行趋势原假设成立。

基准模型可能存在样本选择偏差，主要原因是可能没有考虑到存在混合型企业样本这一事实。混合型企业既可以从事一般贸易，也可以从事加工贸易。这类企业或多或少地受到政策的影响，因此很难确定政策的确切影响。我们将混合型企业按照其业务构成中加工贸易的不同比例进行分类，将加工贸易占比超过四分之三的混合型企业归入处理组，将加工贸易占比低于四分之一的企业归入对照组。回归结果如表 8.3 所示。模型（1）和（2）只包含混合型企业，然后我们根据上述分组原则进行回归。回归结果表明，虽然交互项系数为负，但没有通过显著性检验。模型（3）和（4）为安慰剂检验。我们使用混合型企业中加工贸易占比为四分之三到中位数之间的样本作为处理组，占比为四分之一到中位数之间的企业样本为对照组，我们发现回归结果并不显著。模型（5）和（6）将所有混合模式企业合并，并归类为处理组和对照组，回归结果与基准模型一致。总的来说，增加混合型企业的样本可能会干扰对政策有效性的准确评估。在本节中，我们使用混合型企业的样本进行稳健性检验。接下来的估计主要使用纯加工贸易企业和纯一般贸易企业的样本。

表 8.3　混合型企业的回归

变量	(1)	(2)	(3)	(4)	(5)	(6)
	TFP_OP	TFP_LP	TFP_OP	TFP_LP	TFP_OP	TFP_LP
tt	−0.0570	−0.1200	0.1800	0.1840	−0.0730***	−0.0680***
	(0.1268)	(0.1276)	(0.1724)	(0.1769)	(0.0086)	(0.0087)
样本数	29750	29709	35396	35351	200410	200062

注：*** $p<0.01$，** $p<0.05$，* $p<0.1$；回归方程包含了与企业特征有关的控制变量，设定城市、行业和时间固定效应以控制不可测的变量。

我们控制了企业层面的特征变量以及城市和行业的固定效应，并使用 PSM 方法来减弱内生性偏差。然而，区域和行业发展趋势的差异可能会导致政策结果的偏差，因此我们需要进一步消除区域和行业发展预处理趋势所导致的内生性问题。为此，我们在模型中添加了区域层面和行业层面的变量，从而确保政策的外生性。与此同时，我们对企业、区域和行业的变量进行了倾向得分匹配，以选择更多相似样本。其中，区域和行业层面的特征由新增的变量控制。回归结果如表 8.4 所示。可以看出，交互项的系数在统计上是显著为负并与基准模型一致。区域层面的控制变量也具有统计学意义。区域工资水平、经济发展水平、资本密度和经济积累等因素与企业的生产率正相关，这与经济事实一致。与此同时，行业层面控制变量的生产率系数具有相反的方向，这与农业生产率低于制造业和服务业生产率的经验事实相一致。我们可以从海关代码的第 5 位代码识别每个城市的经济区属性。例如，"4" 和 "5" 分别代表保税区和出口加工区。每个城市值对应一个经济区代码，这表明不同城市的企业分布可能不同。因此，在控制城市和行业固定效应的基础上，我们进一步增加了城市、省份和行业层面的控制变量，以确保政策的外生性。

表 8.4　区域和行业特征的稳健性检验

变量	（1） TFP_OP	（2） TFP_LP	（3） TFP_OP	（4） TFP_LP	（5） TFP_OP	（6） TFP_LP	（7） TFP_OP	（8） TFP_LP
	地区		行业		地区 PSM		行业 PSM	
tt	−0.1170 ***	−0.1040 ***	−0.1390 ***	−0.1290 ***	−0.1110 ***	−0.1080 ***	−0.1490 ***	−0.1470 ***
	（0.0140）	（0.0141）	（0.0133）	（0.0133）	（0.0204）	（0.0206）	（0.0189）	（0.0181）
lnwage	0.0430 ***	0.0460 ***			0.0710 *	0.0820 **		
	（0.0146）	（0.0147）			（0.0366）	（0.0387）		
pgdp	−0.0190	−0.0260			0.0430	0.0520 *		
	（0.0173）	（0.0173）			（0.0281）	（0.0282）		
pcap	0.0510 ***	0.0560 ***			0.0310 *	0.0390 **		
	（0.0114）	（0.0114）			（0.0189）	（0.0194）		
pky	0.0060	0.0050			−0.0380 *	−0.0540 **		
	（0.0118）	（0.0118）			（0.0222）	（0.0225）		
market	0.0110	0.0130			0.0470 ***	0.0220		
	（0.0079）	（0.0079）			（0.0168）	（0.0173）		
ecoag	0.1450 ***	0.1500 ***			0.1870 ***	0.1740 ***		
	（0.0336）	（0.0335）			（0.0641）	（0.0656）		
FGP			−0.0030 ***	−0.0040 ***			−0.0070 ***	−0.0080 ***
			（0.0011）	（0.0011）			（0.0022）	（0.0023）
IDSAG			−0.0600	−0.1610			−0.0260	−0.0690
			（0.3047）	（0.3137）			（0.3411）	（0.3451）
HHI			0.0830	0.0440			1.0530	0.5310
			（0.2726）	（0.2781）			（0.6569）	（0.5516）
样本数	135169	134907	135264	135002	46120	46081	50757	50828

注：*** p<0.01，** p<0.05，* p<0.1；回归方程包含了与企业特征有关的控制变量，设定城市、行业和时间固定效应以控制不可测的变量。

　　处理组和对照组企业的生产率应具有相同的预处理趋势。为了消除不同预处理趋势的潜在影响，我们添加了时间趋势项作为控制变量（Jayachandran et al.，2010）。具体而言，我们将相应的年份 t 添加到表 8.5 中的模型（1）

和（2）中。我们将其取对数进行处理。我们还添加了交互项（ts），从而将年份（t）和政策干预组虚拟变量（$treat$）结合起来。对应的回归结果与基准模型是一致的。此外，可能还存在其他潜在政策因素的干扰，导致加工贸易和一般贸易企业的生产率趋势存在差异。我们特别地使用中国 2001 年加入 WTO 作为潜在的政策冲击。模型（3）和（4）的时间边界改为 2001 年，并且排除了 2004 年以后的样本。交互项可以用 tr 来表示。可以看出，回归结果在统计学上不显著。为了进一步消除实质性政策因素的干扰，我们随机地将 2005 ~ 2006 年的虚拟变量设置为 1，交互项用 td 表示，其回归结果如表 8.5 所示。如其中的模型（6）所示，回归结果没有通过显著性检验。因此，我们认为可以进一步排除其他潜在政策影响。

进一步的异质性检验

中国的加工贸易在东、中西部地区和不同类型企业之间的分布不均衡。我们进一步从区域、企业和加工贸易构成的角度考察了政策效应的不同表现。

表 8.5　趋势预处理和其他共存策略的稳健性检验

变量	(1) TFP_OP	(2) TFP_LP	(3) TFP_OP	(4) TFP_LP	(5) TFP_OP	(6) TFP_LP
tt	-0.1170***	-0.1040***				
	(0.0141)	(0.0141)				
t	35.1890***	18.3270*				
	(10.2110)	(10.2878)				
ts	-0.0050**	-0.0060***				
	(0.0020)	(0.0021)				
tr			0.0260	0.0280		
			(0.0175)	(0.0175)		
td					0.0140	0.0050
					(0.0126)	(0.0125)
样本数	135169	134907	48862	48636	135169	134907

注：*** $p<0.01$，** $p<0.05$，* $p<0.1$；回归方程包含了与企业特征有关的控制变量，设定城市、行业和时间固定效应以控制不可测的变量。

　　关于中国出口企业的分布，我们做了几个假设。首先，东部地区企业的生产率相对高于其他地区，并且全国绝大部分的出口企业集中于东部地区。东部地区的企业也有可能成为监管的重点，于是政策也可能会降低东部地区出口企业的平均生产率，从而降低全国整体效率水平。其次，表8.1中的回归结果表明，*foe* 的系数基本为正而 *soe* 的系数基本为负，这就表明外资企业的生产率相对高于国有企业和集体企业。与此同时，外资企业和合资企业的出口额占全部出口的80%以上，使得它们成为监管的潜在重点对象。因此，政策产生的影响可能会通过降低外资企业的生产效率而降低整体效率水平。从另一个角度来看，进口材料加工贸易企业的特点是"两头在外"，即原材料的进口和产品的出口都严重依赖国际市场。因此，国内产业政策的影响可能相对较小。与此同时，在此类政策下，一般贸易企业更有可能使用国内的原材料来替代进口原材料，而由于一般贸易企业占加工贸易的95%以上，所以它们可能成为重要的监管目标。

区域和贸易模式的异质性检验

　　中国的经济发展表现出巨大的地区差异。东部地区与其他地区相比更为发达，工业化程度更高。成熟产业难以满足转型升级政策的要求，许多劳动密集型、相对成熟的产业已逐步向中西部地区转移，如富士康在中部的郑州市和西部的成都市投资建厂。表8.6的回归结果表明，这些政策的净效应在中西部地区并不显著，但在东部地区具有显著的负面效应。这是因为，东部地区是加工贸易的主要聚集区，东部地区的加工贸易出口总额占全国加工贸易出口总额的98%。虽然该政策提出促进加工贸易企业向中西部地区转移，但东部地区具有一定的地理优势，这种转移不可能一步到位。此外，东部地区的出口企业所处环境的市场化水平更高，在加工贸易的区位和运输方面具有相对优势。短期内，转型升级政策可能会破坏原有的资源配置条件。加工贸易企业从东部地区转移到中西部地区，降低了劳动力和土地成本，但在短期内无法替代东部地区的相对优势，从而降低了加工贸易企业的生产效率。作为延伸，中西部地区——作为加工贸易转移的主要目的地——应该积极承接企业转移，建立相应的支持设施，接纳发展水平更高、生产效率更高的企业，从而提高区域整体生产率水平。

表 8.6 考虑企业区域的异质性检验

变量	(1)	(2)	(3)	(4)	(1)	(2)	(3)	(4)
	东部地区		中西部地区		进口材料加工贸易		来料加工贸易	
	TFP_OP	TFP_LP	TFP_OP	TFP_LP	TFP_OP	TFP_LP	TFP_OP	TFP_LP
tt	-0.1010 ***	-0.0890 ***	-0.0230	-0.0210	-0.1280 ***	-0.1130 ***	-0.0580	-0.0540
	(0.0151)	(0.0151)	(0.0822)	(0.0843)	(0.0152)	(0.0152)	(0.0390)	(0.0398)
样本数	119443	119342	15726	15565	130634	130377	110423	110181

注：*** $p<0.01$，** $p<0.05$，* $p<0.1$；回归方程包含了与企业特征有关的控制变量，设定城市、行业和时间固定效应以控制不可测的变量。

来料加工贸易的比例占出口总额的比重低于 5%，自 2000 年以来，这一比重一直呈下降趋势，表明来料加工贸易的重要性也在下降。从表 8.7 可以看出，交互项的系数显著为负，这与基准模型一致。来料加工贸易的交互项系数为负，但不显著。进口加工贸易出口价值占全部加工贸易的 95% 以上。加工贸易转型升级的政策针对的是国内企业，因此从事进口加工贸易的企业可能会受到直接影响。来料加工贸易具有"两头在外"的典型特征。在此情况下，企业从国外进口原材料，之后几乎所有产品都在国外市场销售。这些企业与其母公司所在国保持着密切的联系。因此，从事来料加工贸易的企业更容易受到国际市场波动的影响，并且相比较少地受到国内产业政策的影响。此外，从事来料加工贸易的企业集中于简单的加工和组装业务，其中大多数是劳动力密集型行业，其特点是生产技术水平较低或生产效率较低。因此，相关政策的挤出效应可能微不足道。

企业性质的异质性检验

合资企业和外资企业的出口价值占加工贸易的 90% 以上。加工贸易转型升级政策的重点是提高私营企业的出口比例。因此，有必要重新确认样本企业的经营性质。统计数字表明，合资（合作）企业和外商独资企业的出口价值约占总出口价值的 80%，尽管这一比例在 2006 年有所下降。与此同时，私人企业和国有企业的出口价值变化不大。我们通过使用前述的相同分组方法，利用企业海关代码的第六位来识别企业性质。我们将样本分为四类：私人企业、国有企业、合资企业和外资企业。处理组和对照组的设定保持一致。回归结果如表 8.7 所示。结果表明，合资企业和外资企业的交互项系数显著为负，表明政策的净效应为负。同时，私人企业和国有企业的交互项系数并不显著。

表 8.7　考虑企业性质的异质性检验

变量	(1)	(2)	(3)	(4)	(5)	(6)	(7)	(8)
	私人企业		国有企业		合资企业		外资企业	
	TFP_OP	TFP_LP	TFP_OP	TFP_LP	TFP_OP	TFP_LP	TFP_OP	TFP_LP
tt	-0.0230	-0.0230	0.0180	0.0060	-0.0820***	-0.0760***	-0.0910***	-0.0810***
	(0.0925)	(0.0907)	(0.0859)	(0.0867)	(0.0229)	(0.0229)	(0.0260)	(0.0262)
样本数	36860	36841	21365	21260	41648	41566	35296	35240

注：*** $p<0.01$，** $p<0.05$，* $p<0.1$；回归方程包含了与企业特征有关的控制变量，设定城市、行业和时间固定效应以控制不可测的变量。

自 2005 年以来，外资企业（包括合资企业）的出口价值具有较大的波动，而同期私人企业和国有企业的出口价值变化不大，这表明外资企业受到了更大的政策影响。私人企业和国有企业的出口在出口中所占的比重相对较小，所以转型升级政策的影响并不明显。同时，外资企业在发展加工贸易方面具有比较优势。例如，与私人企业和国有企业相比，外资企业更加熟悉国际市场；此外，它们可能会得到母公司的管理支持和技术支持，以及相对成熟的发展经验和已经建立好的国际客户网络，私人企业和国有企业在国际竞争中相对处于劣势。因此，支持性的政策可能在短期造成扭曲和资源错配，从而降低企业生产率。

不仅如此，从事加工贸易的外资企业具有对该国产生更为显著的技术学习效应的潜力（Kandogan，2003）。然而，转型升级政策的目标之一就是增加商业实体的多元化，提高私营企业和国有企业出口额占贸易总额的比重。因此，政策的直接影响可能会抑制外资企业技术学习效应的转化，从而降低其生产率。私人企业和国有企业有不同的优先权。1994 年，中国颁布了《对外贸易法》，以深化外贸体制改革，逐步对民营企业放开外贸经营（Ping & Huang，2018）。

区域、贸易模式和企业性质的异质性检验

区域、贸易模式和企业性质是导致政策净效应差异的因素。当我们关注中国东部的企业样本时，政策的净效应显著为负，而这些企业样本主要从事的是进口加工贸易，而且属于合资企业或外资企业。我们将进一步考虑这些因素并完成异质性检验。

　　我们首先考虑区域和贸易模式的因素，回归结果如表 8.8 所示。从表中可以看出，对于东部地区从事进口加工贸易的企业而言，其交互项系数显著为负，而其他结果未通过显著性检验。由此可见，东部地区和进口加工贸易是使政策净效应为负的主要因素。

表 8.8　考虑企业区域和贸易模式的异质性检验

变量	(1)	(2)	(3)	(4)	(5)	(6)	(7)	(8)
	进口材料加工贸易				来料加工贸易			
	东部		中西部		东部		中西部	
	TFP_OP	TFP_LP	TFP_OP	TFP_LP	TFP_OP	TFP_LP	TFP_OP	TFP_LP
tt	-0.1140***	-0.1000***	0.1520	0.1480	-0.0300	-0.0270	-0.2960	-0.2930
	(0.0163)	(0.0163)	(0.1066)	(0.1088)	(0.0306)	(0.0308)	(0.1251)	(0.1273)
样本数	115134	115034	15500	15343	95114	95025	15309	15156

注：*** $p<0.01$，** $p<0.05$，* $p<0.1$；回归方程包含了与企业特征有关的控制变量，设定城市、行业和时间固定效应以控制不可测的变量。

　　在此基础上，我们保留了东部地区进口加工贸易企业的样本，以进一步考察企业性质带来的差异，结果如表 8.9 所示。与之前的回归结果一致，合资企业和外资企业的交互项系数显著为负，私人企业和国有企业的交互项系数为正但未能通过显著性检验。先前的分析表明，合资企业和外资企业出口额占加工贸易出口额的 80% 以上，它们是转型升级政策的主要目标。

　　然而，我们认为，加工贸易中的外资企业转型升级和提高生产率的动机可能并不强，因为这些企业的主要目的是寻求低成本劳动力以降低生产成本并获得更高的利润。在受到外部政策的影响后，它们可以灵活地调整生产策略。从近年来大量外资企业将生产基地迁往东南亚国家的事实来看，我们认为外资企业在降低成本方面具有更大的灵活性。从回归结果可以看出，模型（1）到模型（4）的回归系数是正的，但不显著，表明这些政策对私人企业和国有企业产生的挤出效应可以忽略不计。这符合如下事实：转型升级政策旨在支持私人企业。对此进一步扩展，我们认为，这些转型升级政策的重点仍应放在私人企业和国有企业上。然而，鉴于外资企业受到了相对较大的政策挤出效应，可以在政策实施的初期提供适当的补贴以减少其短期负面影响。

表 8.9　企业地位的异质性

变量	(1)	(2)	(3)	(4)	(5)	(6)	(7)	(8)
	私人企业		国有企业		合资企业		外资企业	
	TFP_OP	TFP_LP	TFP_OP	TFP_LP	TFP_OP	TFP_LP	TFP_OP	TFP_LP
tt	0.1130	0.1100	0.1230	0.1150	-0.0880***	-0.0800***	-0.1040***	-0.0940***
	(0.1126)	(0.1098)	(0.1029)	(0.1028)	(0.0253)	(0.0253)	(0.0285)	(0.0286)
样本数	31983	31970	14934	14911	36697	36671	31520	31482

注：*** $p<0.01$，** $p<0.05$，* $p<0.1$；回归方程包含了与企业特征有关的控制变量，设定城市、行业和时间固定效应以控制不可测的变量。

总而言之，转型升级政策造成了加工贸易企业的生产率普遍下降。我们发现构造的双重差分模型在不同的假设下都是稳健的。此外，我们考虑了地区和行业的发展趋势，以应对内生性问题，并通过平行趋势检验排除了其他潜在政策因素的影响。

五　结论

自 2003 年实施加工贸易转型升级战略以来，中国加工贸易占出口总额的比重持续下降，产品结构在技术含量方面趋于改善。本研究使用双重差分法来检验加工贸易转型升级政策对企业生产率的影响。研究表明，此类政策降低了行业的平均生产率并导致资源错配。

具体而言，我们的实证检验有以下发现。第一，转型升级政策对企业生产率的净效应是负的。这意味着从资源配置效率的角度来看，这些政策产生了扭曲，这表明尽管政策目标可能已经实现，但这是以牺牲效率为代价的。创新和利润因素可能是政策影响企业生产率的微观渠道。加工贸易转型升级政策降低了企业的创新水平和盈利能力，而企业创新和盈利能力可以提升企业的生产率。第二，资源错配主要集中在东部地区，而外资企业和从事进口材料加工贸易的企业受到政策的负面影响最大。

参考文献

Alder, S., Shao, L. and Zilibotti, F. (2016), Economic reforms and industrial policy in a panel of Chinese cities, *Journal of Economic Growth* 21(4): 304–49. doi.org/10.1007/s10887-016-9131-x.

Blonigen, B.A. (2016), Industrial policy and downstream export performance, *The Economic Journal* 126(595): 1635–59. doi.org/10.1111/ecoj.12223.

Brandt, L., Van Biesebroeck, J. and Zhang, Y. (2012), Creative accounting or creative destruction? Firm-level productivity growth in Chinese manufacturing, *Journal of Development Economics* 97(2): 339–51. doi.org/10.1016/j.jdeveco.2011.02.002.

Dai, M., Yu, M. and Maitra, M. (2014), The mystery of the productivity of Chinese export companies: The role of processing trade, [In Chinese], *Economics (Quarterly)* 13(2): 675–98.

Ellison, G. and Glaeser, E.L. (1999), The geographic concentration of industry: Does natural advantage explain agglomeration?, *The American Economic Review* 89(2): 311–16. doi.org/10.1257/aer.89.2.311.

Fan, G., Wang, X. and Ma, G. (2011), Contribution of China's marketization process to economic growth, [In Chinese], *Economic Research* (9): 4–16.

Feenstra, R.C. and Hanson, G.H. (1995), *Foreign investment, outsourcing and relative wages*, NBER Working Papers 5121, Cambridge, MA: National Bureau of Economic Research. doi.org/10.3386/w5121.

Gan, C., Zheng, R. and Yu, D. (2011), The impact of China's industrial structure changes on economic growth and volatility, [In Chinese], *Economic Research* (5): 4–16, 31.

Ge, W. (1999), *The Dynamics of Export-Processing Zones*, Geneva: United Nations Conference on Trade and Development.

Jayachandran, S., Lleras-Muney, A. and Smith, K.V. (2010), Modern medicine and the twentieth century decline in mortality: Evidence on the impact of sulfa drugs, *American Economic Journal: Applied Economics* 2(2): 118–46. doi.org/10.1257/app.2.2.118.

Kandogan, Y. (2003), Intra-industry trade of transition countries: Trends and determinants, *Emerging Markets Review* 4(3): 273–86. doi.org/10.1016/S1566-0141(03)00040-2.

Lall, S., Weiss, J. and Zhang, J. (2006), The 'sophistication' of exports: A new trade measure, *World Development* 34(2): 222–37.

Levinsohn, J. and Petrin, A. (2003), Estimating production functions using inputs to control for unobservables, *The Review of Economic Studies* 70(2): 317–41. doi.org/10.1111/1467-937X.00246.

Lu, J., Lu, Y. and Tao, Z. (2010), Exporting behavior of foreign affiliates: Theory and evidence, *Journal of International Economics* 81(2): 197–205. doi.org/10.1016/j.jinteco. 2010.03.002.

Nie, H., Jiang, T. and Yang, R. (2012), The current status and potential problems of the use of Chinese industrial enterprise database, [In Chinese], *World Economy* (5): 142–58.

Olley, S. and Pakes, A. (1996), The dynamics of productivity in the telecommunications equipment industry, *Econometrica* 64(6): 1263–97. doi.org/10.2307/2171831.

Ping, X. and Huang, X. (2018), Research on the heterogeneity of different ownership enterprises in various markets, [In Chinese], *Economic Aspect* (2): 35–48.

Shang, X. and Zhu, S. (2017), Analysis on the effect of agricultural land circulation subsidy policy: Based on crowding-out effect, government rent creation and target deviation perspective, [In Chinese], *China Rural Observation* (6): 43–56.

Shi, B. and Zhang, Y. (2016), Trade liberalization and the upgrade of imported intermediate quality of Chinese enterprises, [In Chinese], *Quantitative Economics and Technical Economic Research* (9): 3–21.

The State Council of the People's Republic of China (2000), *Interim Measures of the Customs of the People's Republic of China on the Supervision of Export Processing Zones.* General Administration of the People's Republic of China.

Tian, W. and Yu, M. (2012), Enterprise productivity and 'going global' foreign direct investment: An empirical study based on enterprise level data, [In Chinese], *Economics (Quarterly)* 11(2): 383–408.

第九章　人民币作为国际避险资产的发展现状

张礼卿　尹力博　吴优

一　引言

《中国金融稳定报告（2019）》指出，威胁全球金融稳定的因素在未来可能会持续出现，尤其是全球范围内的单边主义和贸易保护主义情绪不断加剧，金融市场对贸易高度敏感，所有这些都导致了全球范围内的不确定性加深（中国人民银行金融稳定分析小组，2019）。因此，对全球系统性风险的预防和控制仍然至关重要。于是，对"避险天堂"需求和对避险资产配置的分析就显得极为迫切。传统上，主要的避险货币主要是瑞士法郎、日元和美元，然而这些货币并不总是表现出避险资产的特征。与此同时，对此类资产的大量集中需求可能会导致货币投资组合的持有成本过高。

一个极受关注的研究问题是，人民币是否扮演着避险货币的角色。在经历了两次重要的汇率制度改革以后，人民币汇率市场化程度加深。目前，人民币币值继续保持相对稳定，并且中国人民银行实施和推动的各类货币政策也相对独立和审慎。因此，人民币在全球货币体系中一直保持着稳定的地位。由于人民币在资本账户下未实现可完全自由兑换，所以在岸市场和离岸市场并存。与人民币在岸市场相比，人民币离岸市场拥有更为灵活的机制。经过多年的精心管理和发展，目前人民币离岸市场的产品正变得更多样化。根据中国人民银行发布的《人民币国际化报告（2020）》，离岸场外交易（OTC）

市场上的人民币外汇产品包括现货、远期、货币互换和期权以及各种以人民币计价的投资产品，例如人民币货币期货、人民币交易的开放式指数基金（ETF）和人民币房地产投资信托基金（REITs）。此外，沪港通、深港通、债券通等金融创新政策的实施，使人民币离岸市场在广度和深度方面都不断发展。因此，在某种程度上，人民币已经具有避险货币的特征。

人民币——尤其是离岸人民币——是否已经成为避险货币，这已成为金融市场观察者和参与者关注的一个问题（Fatum et al.，2017）。Habib 和 Stracca（2012）认为，外汇资产净头寸和股市规模是衡量一国货币是否可以被视为避险货币的重要因素。目前，中国拥有世界上最大的外国资产净头寸，达到 3.2 万亿美元，其股票市场也是世界第二大的。因此，认为全球避险货币中包括人民币是合理的。然而关于什么是避险货币、哪些货币表现出避险特征以及何时出现这些特征等问题，相关研究并未达成共识。Ranaldo 和 Söderlind（2010）发现，在全球金融危机之前，当市场不确定性加剧的时候，日元、瑞士法郎、欧元和英镑都曾表现出避险货币的特征。Coudert 等（2014）提供了发达经济体和新兴经济体 26 种货币日常演变的数据分析。他们发现，只有日元和美元表现出安全资产的特征。Hossfeld 和 MacDonald（2015）认为，如果一种货币的有效收益在高金融压力时期与全球股市收益显著负相关，那么它就被视作避险货币。他们认为，相比瑞士法郎，美元更有资格成为避险货币，欧元和日元不是避险货币。Grisse 和 Nitschka（2015）认为，避险货币是一种能够提供对冲全球风险价值的货币，在危机期间更是如此。他们研究了瑞士法郎的对冲特征，发现它相对大多数（并非所有）其他货币表现出避险特征。Fatum 和 Yamamoto（2016）发现，在全球金融危机期间，日元相对于所有其他可能的避险货币大幅升值，从而暗示日元在之前的一段极端市场动荡时期是"最安全"的货币资产。不仅如此，货币的对冲特征是随着时间变化的，也就是说，一种货币可能只在特定时期内表现出对冲特征。

值得注意的是，学术界很少有人关注人民币是不是避险货币。目前的焦点在于，人民币在多大程度上能够成为其他货币的锚。目前，只有 Fatum 等（2017）讨论了人民币的避险特征。他们认为，在全样本水平上，人民币对一些货币（包括英镑和欧元）表现出避险货币的特征，但对其他主要货币（如美元和日元）则没有。然而，在子样本层面上，人民币没有避险的性质。基本上，人民币还不能算作避险货币，也没有走出成为避险货币的关键一步。关于人民币锚定货币地位，有以下代表性研究。Ito（2010）引用Fankel 和 Wei（1994）提出的货币锚的研究方法，发现自 2005 年 7 月 21 日中国实施有管理的浮动汇率制度以来，人民币在东亚国家扮演了事实上的篮子货币角色。Subramanian 和 Kessler（2013）认为，人民币在东亚的影响力已经超过了美元和欧元，正在发挥锚定货币的作用。Ito（2017）指出，在后全球金融危机时代，人民币在亚洲国家隐性货币篮子中的权重已经超过了美元。Pontines 和 Siregar（2012）以及 Shu 等（2015）的研究也支持上述结论。中国的学者对此也进行了广泛的研究。Yang 和 Li（2017）认为，人民币已经成为世界上大多数国家的隐性货币锚，特别是那些与中国有密切经贸联系的国家。Liu 和 Zhang（2018）指出，随着"一带一路"倡议的推进，人民币锚定效应在中亚等内陆地区逐步放大。尽管如此，Jian 和 Zheng（2016）从空间和时间的双重维度探讨了人民币与东亚各经济体货币之间的动态溢出效应，发现人民币无法撼动美元在东亚的主导地位。Peng 等（2015）还发现，人民币目前不是亚洲的主导货币。尽管人民币尚未成为本地区的货币锚，但这并不妨碍其影响力的增加，尤其是离岸人民币（Yin & Wu, 2017）。这种影响是否包括人民币的对冲资产？也就是说，在危机时期，人民币能否成为本地区各种风险资产的避风港？对此需要进一步的考察。

这带来了一些学术问题：人民币，尤其是离岸人民币，是否具有避险的特征？这些特征是否因不同的货币环境而表现出显著的不同，即不同货币组合中离岸人民币的避险特征是否存在显著差异？同时，这些性质是否具有时变的特征？在人民币国际化和"一带一路"倡议不断得到响应的背景下，分析这些问题显然有助于我们从量化的角度探索人民币的对冲特征，并考察极端事件发生时人民币为投资者提供的对冲价值，这反过来为人民币国际化和"一带一路"倡议提供支持，对新常态下的金融体系安全和汇率制度改革也具有重要的参考价值和现实意义。

本章从扩展的非抵补利率平价（UIP）出发，选择离岸人民币相对于主要货币和"一带一路"沿线国家和地区货币的双边汇率作为研究对象。通过观察全球风险上升时期离岸人民币的变化，并综合其在不同货币环境中的差异表现，我们能够探索离岸人民币的避险特征，同时评估避险特征的时变影响。这项研究可为相关研究提供证据，证明离岸人民币是一种避险货币。

我们认为，离岸人民币对一些主要货币和"一带一路"沿线国家和地区货币表现出避险资产特征。它为促进人民币成为"一带一路"沿线国家和地区跨境贸易支付和结算的载体甚至成为计价货币和储备货币提供了技术支持和可行性基础。在某种程度上，对避险价值的探索是离岸人民币市场展示其职能的重要表现，这为后续对人民币及其离岸市场的研究开辟了新方向。在离岸人民币时变避险特征的基础上，出口导向型企业可以合理规划其资产配置策略，金融监管部门也可以进行相应的政策协调和制度安排。

二　理论背景

本节旨在使用资产定价框架来解释汇率的变动。首先是介绍一些概念背景，然后介绍货币风险模型的最新发展，从而为我们的实证分析奠定基础。

UIP 回归

在理性预期和风险中性的假设下，UIP 表明汇率的预期变化反映了前一时期本国与他国之间的利率差异，即公式 9.1。

$$E_t(s_{t+1}^k) - s_t^k = i_t^k - i_t + \delta_{t+1} \qquad\qquad 公式\ 9.1$$

在公式 9.1 中，s_{t+1}^k 表示在时期 $t+1$，本国相对于 k 国的即期汇率的对数，E 表示期望算子；i_t 和 i_t^k 分别表示本国和 k 国的利率；δ_{t+1} 是风险溢价。s 的上升意味着本国货币升值和他国（k 国）货币贬值。

根据 Akram 等（2008）等的研究，至少在每月的频率上，利率差近似等于远期贴现，如公式 9.2 所示。

$$i_t^k - i_t \approx f_t^k - s_t^k \qquad\qquad 公式\ 9.2$$

在公式 9.2 中，f_t^k 表示时期 t 本国相对于 k 国的远期汇率的对数。在合理预期下，公式 9.3 成立。

$$E_t(s_{t+1}^k) = s_{t+1}^k + e_{t+1}^k \qquad\qquad 公式\ 9.3$$

在公式 9.3 中，预测误差 e_{t+1}^k 是白噪声。特别地，e_{t+1}^k 与时期 t 中任何可用的信息都不相关。将公式 9.3 代入公式 9.1，我们得到公式 9.4。

$$\Delta s_{t+1}^{k} = \alpha^{k} + \beta^{k}(f_{t}^{k} - s_{t}^{k}) + \lambda_{t+1}^{k} \qquad \text{公式 9.4}$$

然后，我们可以给出本国与 k 国双边汇率的标准 UIP 回归的转换形式，即公式 9.5。

$$\Delta s_{t+1}^{k} = \alpha^{k} + \beta^{k}(f_{t}^{k} - s_{t}^{k}) + \lambda_{t+1}^{k} \qquad \text{公式 9.5}$$

根据 UIP 回归的条件，回归系数 β 应该等于 1，常数项 α 应该等于 0。误差项 λ_{t+1}^{k} 同时反映了预测误差和风险溢价。换句话说，远期汇率应等于未来的即期汇率。然而，几乎没有文献支持 UIP 的条件。事实上，大多数文献都指出，UIP 条件是过于理想化的。一种可能的解释是，市场参与者对外币投资的风险溢价有需求，即风险中性假设过于严格（如 Ranaldo & Söderlind，2010；Lustig et al.，2011；Jin & Chen，2012；Menkhoff et al.，2012；Farhi & Gabaix，2016；Xiao & Liu，2016；Verdelhan，2018）。根据我们的研究，对于 UIP 条件的事后偏离可能来自汇率与同期货币风险因子之间的同期协变特征（Grisse & Nitschka，2015）。

然而许多研究用基于调查的汇率预期说明事后 UIP 在事前是合理的。最近的代表性文献包括 Bacchetta 等（2009），以及 Grisse 和 Nitschka（2015）。Grisse 和 Nitschka（2015）使用瑞士法郎汇率的调查预期数据，发现 UIP 条件基本上在事前成立。一般而言，这项研究表明，货币收益的资产定价观点可能不是事后偏离 UIP 条件的最佳或唯一解释。

尽管如此，对于评估货币投资策略和汇率的避险特征来说，货币收益的资产定价模型仍然具有强大的吸引力。这是因为避险货币可以帮助投资者获得对冲全球风险的价值（Grisse & Nitschka，2015）。用这一模型来评估离岸人民币相对于一些主要货币和"一带一路"沿线国家和地区货币的避险特征是本研究的贡献。

汇率收益定价模型的理论背景

汇率收益定价模型将 UIP 条件视为零净值的投资策略。在时间 t，该策略首先要求以利率 i 在本国借款，然后以即期汇率将本国货币转换为 $1/S$ 单位的外币单位（FCUs）。持有 FCUs 可以得到一定水平的外国利率，记为 i^{k}。在时期 $t+1$，投资者可以通过现期汇率 S_{t+1} 将 FCUs 转化为本国货币（Burnside et al.，2011；Grisse & Nitschka，2015），将该投资策略产生的收

益记为 χ_{t+1}（见公式 9.6）。

$$\chi_{t+1} = \frac{1}{S_t}(1 + i_t^k)\, S_{t+1} - (1 + i_t) \qquad\text{公式 9.6}$$

然后我们基于上述对 UIP 条件的解释，直接使用以下超额收益的资产定价公式（Cochrane，2005），从而得到公式 9.7。该等式恒成立，w_{t+1} 表示随机贴现因子。

$$E_t\left[\left(\frac{1}{S_t}(1 + i_t^k)\, S_{n+1} - (1 + i_t)\right) w_{t+1}\right] = 0 \qquad\text{公式 9.7}$$

我们可以通过对公式 9.7 除以 $E_t(w_{t+1})$ 并整理得到 UIP 条件的风险调整形式，得到公式 9.8。

$$(1 + i_t) = (1 + i_t^k)\left[E_t\left(\frac{S_{t+1}}{S_t}\right) + \frac{cov\left[\left(\frac{S_{t+1}}{S_t}\right), w_{t+1}\right]}{E_t(w_{t+1})}\right] \qquad\text{公式 9.8}$$

与此同时，经抵补的利率平价（CIP）如公式 9.9 所示。

$$1 + i_t = \frac{1}{S_t}(1 + i_t^k)\, F_t \qquad\text{公式 9.9}$$

在公式 9.9 中，F_t 表示时间 t 本国货币相对于他国货币的远期汇率。

将公式 9.8 和公式 9.9 联立，我们进一步获得了经过风险调整的 UIP 条件的替代形式，该条件构成了绝大多数关于风险因素和汇率回报之间关系的实证研究的基础，即公式 9.10。

$$E_t\left(\frac{S_{t+1} - S_t}{S_t}\right) = \frac{F_t - S_t}{S_t} - \frac{cov\left[\left(\frac{(S_{t+1} - S_t)}{S_t}\right), w_{t+1}\right]}{E_t(w_{t+1})} \qquad\text{公式 9.10}$$

根据公式 9.10，期望汇率回报率不仅受到前几期远期贴现率和利率之间的差异的影响，还受到随机贴现因子的影响。这一理论构成了最新研究中对汇率回报的资产定价模型的研究基础。我们在下一节中将详述这一点，从而保证后续的实证分析工作能够顺利进行。

汇率收益定价模型的最新实证进展

根据汇率决定的资产定价观点，UIP 回归应该通过包含货币风险因素的方式得到扩展（Verdelhan，2018），其具体设定如公式 9.11 所示。

$$\Delta s_{k+1}^{k} = \alpha^{k} + \beta_{0}^{k}(f_{t}^{k} - s_{t}^{k}) + \beta_{1}^{k} \theta_{t+1} + \beta_{2}^{k} \theta_{t+1}^{2} + \cdots + \beta_{n}^{k} \theta_{t+1}^{n} + \lambda_{t+1}^{k} \quad \text{公式 9.11}$$

在公式 9.11 中，n 代表扩展的货币风险溢价模型中的风险因子数量，k 表示货币类型，θ 表示货币的特定风险因子。

要注意，在公式 9.11 中，我们还假设了投资者的贴现因子是特定风险因子 θ 的线性函数。风险因子的引入扩展了 UIP 回归模型，因此我们可以评估风险因素对同期汇率回报的影响。因此，在实证研究中探索合适的风险因子至关重要。

因为传统的风险因素无法像 Fama 和 French（1993）所认为的那样有效地描述汇率回报，所以我们试图通过最近的研究，直接从汇率数据中提取有关货币风险印象因素的信息。通过对货币远期贴现或利差差异进行分类，Lustig 等（2011）以美国投资者的视角构建了外汇收益投资组合中的前两个主成分，它们对应于超额货币收益的特定国家风险因子和全球的风险因子。实证结果表明，全球风险因子敞口的差异决定了货币投资组合的平均风险溢价。Lustig 等（2011）进一步指出，他们的实证模型体现了 Backus 等（2001）提出的两国框架向多国框架和全球框架的扩展。在这个模型中，特定国家的风险因子在货币风险溢价的决定中不起作用。

此外，在汇率变化和超额货币收益的条件下，Lustig 等（2011）和 Verdelhan（2018）的研究表明，超额货币收益投资组合产生的其他风险因子也提供了双边汇率变化和双边超额收益方面的时间序列及横截面变化的信息。因此，我们将此模型作为我们的研究基准，在以下章节中探讨离岸人民币汇率回报的具体特征。

三 数据

在本节，我们考虑离岸人民币相对于选定主要货币以及"一带一路"沿线国家和地区货币的汇率。选择的主要货币是澳元、加元、瑞士法郎、欧元、英镑、日元、挪威克朗、新西兰元、瑞典克朗、新加坡元、美元和南非兰特。这些货币中的大多数不仅是外汇市场的主要货币，而且还与大宗商品市场保持着高度的相关性。同时，"一带一路"沿线国家和地区的选择主要基于 2020 年 8 月底中国"一带一路"网的数据。现货汇率数据和一个月远期汇率的来源可从 DataStream 数据库获得。同时，这些数据以美元计价的每日数据为准。考虑到数据的可用性，选择了"一带一路"沿线的 26 个国家和地区的货币以及 12 种外汇市场主要货币，如表 9.1 所示。在随后的实证分析中，我们将考察离岸人民币相对于主要货币和"一带一路"沿线国家和地区货币的安全特性，以比较分析离岸人民币是否具有避险资产的特征。

表 9.1 货币名称及其对应符号

货币名称	货币符号
澳元	AUD
巴林第纳尔	BHD
英镑	GBP
保加利亚列弗	BGN
加元	CAD
克罗地亚库纳	HRK
捷克克朗	CZK
埃及镑	EGP
欧元	EUR
匈牙利福林	HUF
印尼盾	IDR
日元	JPY
哈萨克斯坦坚戈	KZT
韩元	KRW
科威特第纳尔	KWD
马来西亚林吉特	MYR
摩洛哥迪拉姆	MAD
土耳其里拉	TRY
新西兰元	NZD
挪威克朗	NOK
离岸人民币	CNH
阿曼里亚尔	OMR
巴基斯坦卢比	PKR

货币名称	货币符号
菲律宾比索	PHP
波兰兹罗提	PLN
卡塔尔里亚尔	QAR
罗马尼亚列伊	RON
俄罗斯卢布	RUB
沙特里亚尔	SAR
塞尔维亚第纳尔	RSD
新加坡元	SGD
南非兰特	ZAR
斯里兰卡卢比	LKR
瑞典克朗	SEK
瑞士法郎	CHF
泰铢	THB
阿联酋迪拉姆	AED
美元	USD
越南盾	VND

我们选取的样本期为 2011 年 7 月 11 日至 2020 年 8 月 31 日。之所以这样选择，是因为完稿时离岸人民币的远期汇率数据只到 2020 年 8 月 31 日。还应注意到，本章采用的数据均为离岸人民币相对其他货币的双边汇率，我们通过对美元汇率的交叉计算得出这些汇率。例如，阿联酋迪拉姆兑离岸人民币的双边汇率是通过离岸人民币兑美元和阿联酋迪拉姆兑美元之间汇率的交叉计算得出的。

最后，本章使用基于每日数据的 VIX 指数变动作为全球货币风险的代理指标。VIX 指数是标准普尔 500 指数的芝加哥期权交易所（CBOE）期权隐含波动率指数。VIX 指数主要用于表示全球金融市场的波动和投资者的避险情绪。如果 VIX 指数上升，全球金融市场的波动性和投资者的避险情绪将加剧。VIX 指数可以从 CBOEs 网站（www.cboe.com）获取。上面提到的所有数据都经过对数化处理。

四　实证结果和分析

本章讨论了离岸人民币相对于一些主要货币和"一带一路"沿线国家和地区货币的避险特征。首先，从 UIP 回归和扩展的 UIP 回归的角度，定量分析离岸人民币的避险特征。其次，采用滚动窗口回归法，对离岸人民币避险特征及其时变状态进行综合分析。

UIP 回归分析

本小节主要阐述 UIP 回归对于解释离岸人民币相对于主要货币和"一带一路"沿线国家和地区货币的双边汇率变化是否具有合理性。回归模型见公式 9.12。

$$\Delta s_{t+1}^{k} = \alpha^{k} + \beta_0^{k}(f_t^k - s_t^k) + \lambda_{t+1}^k \qquad 公式 9.12$$

在公式 9.12 中，k 表示离岸人民币双边汇率的货币之一，s 和 f 分别表示即期汇率对数和 1 个月远期汇率对数的变动。如果β_0等于 1，代表 UIP 回归可以适用于解释汇率变动，否则有必要考虑增加更多的风险因子以扩展回归模型。

表 9.2 和表 9.3 分别汇总了离岸人民币相对于主要货币和"一带一路"沿线国家和地区货币在 UIP 回归下的结果。我们进一步提供了用于检查回归残差自相关的 DW 统计量。综合表 9.2 和表 9.3 我们发现，UIP 回归不能很好地解释离岸人民币的汇率变动。根据系数β_0^k的估计，我们可以检验其是否拒绝$\beta_0^k = 1$的原假设。以表 9.2 中 AUD 表示的离岸人民币兑澳元汇率为例，其估计值为 0.061，标准误为 0.077。对应的 t 统计量为（0.061-1）/0.077 = -12.19，其绝对值明显大于 95% 的置信水平下 t 统计量阈值。因此，UIP 回归不适用于解释离岸人民币对澳元的汇率变化。这一结果通常出现在离岸人民币相对于主要货币和"一带一路"沿线国家和地区货币的双边汇率中。这意味着远期贴现因子的滞后项在解释这些货币的汇率变化方面没有起到作用。

很显然，有必要通过考虑货币风险因子来扩展 UIP 回归，以更好地讨论离岸人民币相对于其他货币的双边汇率变化问题。因此，本章将基于具有货币风险因子的扩展 UIP 回归对该问题进行分析。

表 9.2　离岸人民币相对于主要货币的 UIP 回归

	α^k	β_0^k	R^2	DW
AUD	−0.015	0.061	0.0002	1.939
	(0.015)	(0.077)		
CAD	−0.011	0.004	0.0000	1.918
	(0.017)	(0.073)		
CHF	0.013	−0.032	0.0000	1.931
	(0.036)	(0.100)		
EUR	−0.006	0.014	0.0000	1.927
	(0.025)	(0.075)		
GBP	0.024	−0.136	0.0009	1.868
	(0.025)	(0.094)		
JPY	−0.028	0.076	0.0002	1.911
	(0.031)	(0.098)		
NOK	−0.027	0.075	0.0001	1.918
	(0.023)	(0.102)		
NZD	−0.009	0.079	0.0002	1.945
	(0.016)	(0.101)		
SEK	−0.013	0.022	0.0000	1.939
	(0.022)	(0.071)		
SGD	−0.004	0.014	0.0000	1.934
	(0.013)	(0.056)		
USD	0.006	−0.013	0.0001	1.929
	(0.009)	(0.040)		
ZAR	0.010	0.162	0.0004	1.900
	(0.059)	(0.184)		

注：括号中的数字为标准误。

表 9.3 离岸人民币相对于"一带一路"沿线国家和地区货币的 UIP 回归

	α^k	β_0^k	R^2	DW
AED	0.006	−0.014	0.0001	1.929
	(0.009)	(0.040)		
BGN	−0.008	0.021	0.0000	1.928
	(0.024)	(0.078)		
BHD	0.001	0.017	0.0002	1.943
	(0.008)	(0.035)		
CZK	−0.020	0.057	0.0002	1.928
	(0.025)	(0.077)		
EGP	0.111 ***	0.080 ***	0.0223	1.990
	(0.036)	(0.011)		
HRK	−0.015	0.061	0.0003	1.928
	(0.019)	(0.066)		
HUF	−0.020	0.049	0.0002	1.923
	(0.020)	(0.069)		
IDR	−0.042 **	−0.098	0.0011	1.919
	(0.020)	(0.068)		
KRW	−0.000	−0.018	0.0000	1.951
	(0.014)	(0.065)		
KWD	0.003	−0.028	0.0002	1.944
	(0.008)	(0.039)		
KZT	−0.004	0.045 ***	0.0034	1.945
	(0.023)	(0.015)		
LKR	−0.012	0.020	0.0002	1.926
	(0.015)	(0.035)		
MAD	0.002	0.023	0.0001	1.930
	(0.012)	(0.047)		

续表

	α^k	β_0^k	R^2	DW
MYR	-0.013	0.081	0.0007	1.935
	(0.010)	(0.068)		
OMR	0.006	-0.015	0.0001	1.930
	(0.008)	(0.038)		
PHP	0.004	-0.092 **	0.0019	1.926
	(0.008)	(0.044)		
PKR	-0.033 **	-0.028	0.0007	1.931
	(0.015)	(0.034)		
PLN	-0.011	0.080	0.0004	1.920
	(0.018)	(0.083)		
QAR	0.006	-0.014	0.0001	1.930
	(0.009)	(0.044)		
RON	-0.007	0.005	0.0000	1.928
	(0.014)	(0.053)		
RSD	0.005	0.069	0.0011	1.917
	(0.016)	(0.042)		
RUB	-0.086 *	-0.101	0.0006	1.939
	(0.048)	(0.092)		
SAR	0.006	-0.016	0.0002	1.931
	(0.009)	(0.042)		
THB	-0.000	0.065	0.0011	1.893
	(0.008)	(0.042)		
TRY	-0.072 *	-0.007	0.0004	1.826
	(0.040)	(0.045)		
VND	0.001	0.020	0.0003	1.941
	(0.006)	(0.021)		

注: *** 在 1% 水平上显著；** 在 5% 水平上显著；* 在 10% 水平上显著；括号中的数字为标准误。

扩展的 UIP 回归

在本小节中，我们观察潜在的货币风险因子是否能够帮助我们更好地理解离岸人民币的汇率动态。在下面的分析中，我们将 Lustig 等（2011）、Grisse 和 Nitschka（2015）以及 Verdelhan（2018）的研究中使用的资产定价模型应用于离岸人民币汇率研究。

这里使用的货币定价模型包含两个风险因子。第一个是以离岸人民币的平均汇率变化表示的特定货币风险因子，换句话说，不同货币相对于离岸人民币的平均双边汇率变化并不完全一致。根据 Lustig 等（2011）的研究，这一因素解释了超额货币收益的大部分时变特征。正如 Verdelhan（2018）建议的那样，当我们计算特定货币的风险因子时，我们必须排除汇率本身。例如，我们使用 11 种主要货币的汇率变化的算术平均值作为第一个风险因子，在扩展的 UIP 回归中计算离岸人民币相对于澳元的平均汇率变化。

第二个风险因子是 VIX 指数，它是衡量货币市场全球风险的有效指标。Lustig 等（2011）的研究表明，在 UIP 回归中加入的全球风险因子的代理变量在实证分析上与全球股市的波动性正相关。与 Lustig 等（2011）采用分类货币篮子中较高和较低远期贴现的差异作为全球风险因子的代理变量不同，本章采用了 Grisse 和 Nitschka（2015）提出的 VIX 指数。他们认为，VIX 指数可以被视为全球股市波动性的重要衡量指标，因此可以作为 Lustig 等（2011）所采用的模型中估计全球风险因子的近似代理变量。需要指出的是，尽管 VIX 指数源自美国股市，但它与其他股市的波动率指数保持高度正相关。因此，使用 VIX 指数作为全球风险因子的代理变量，有助于避免扩展的 UIP 回归中潜在的重复计算问题。此外，它将通过直接将 Lustig 等（2011）的全球风险因子与双边汇率的远期贴现率一起纳入回归，这就产生计量经济学问题。因为对于远期贴现和利率之间差异进行分类的货币组合，Lustig 等（2011）的全球风险系数中已经包含了一种特定的双边货币汇率或交叉汇率。因此，我们倾向于采用既不从远期贴现与利率的差异中也不从汇率数据中获得全球风险因子的代理变量。

正如 Lustig 等（2011）所述，汇率回报相对于全球风险因子的敏感性差异在很大程度上解释了外币回报的截面差异。因此，对全球风险因子的敞口反映了货币的避险特征，即避险货币应该对全球风险因子具有负的敞口。这意味着，当全球风险出现时，避险货币的价值会增加，从而为所有投资者提供对冲（Grisse & Nitschka，2015）。

扩展的 UIP 回归见公式 9.13。

$$\Delta s_{t+1}^k = \alpha^k + \beta_0^k (f_t^k - s_t^k) + \beta_1^k AFX_{t+1} + \beta_2^k \Delta (VIX)_{t+1} + \lambda_{t+1}^k \qquad \text{公式 9.13}$$

在公式 9.13 中，AFX 是指离岸人民币相对于除 k 国货币以外所有货币的双边汇率变化的均值。

表 9.4 和表 9.5 分别总结了在扩展的 UIP 回归中，离岸人民币相对于主要货币和"一带一路"沿线国家和地区货币的结果。有一些观察值得注意。第一，远期贴现率在解释离岸人民币对主要货币的双边汇率变化以及"一带一路"沿线国家和地区货币的汇率变化方面仍然很弱。具体来说，远期贴现率 β_0^k 显著异于零贴现率，但经济影响仍然很小。第二，特定货币的平均汇率变化在解释离岸人民币相对于该货币的双边汇率变化方面，具有极其显著的影响。并且分析表明，在所有情况下，AFX 的系数显著不等于零。在分析离岸人民币与主要货币的关系时，估计系数 β_1^k 从美元的 0.072 到挪威克朗的 1.264 不等。离岸人民币对美元汇率的估计系数最小，一个原因可能是中国的国际贸易与美国密切相关，因此，其背后的资本交易相对频繁。尽管欧盟和中国之间的双边贸易额更高，但作为一个共同的政治经济体，欧盟的成员国数量远远超过使用欧元的国家。第三，在分析离岸人民币与主要货币的关系时，β_2^k 系数非常显著。应该注意的是，正（或负）的估计系数表明，当 VIX 指数（即全球风险）增加时，离岸人民币对相应货币贬值（或升值）。平均而言，与离岸人民币相比，瑞士法郎、欧元、日元和美元为抵御全球风险提供了更好的避风港。在全球风险增加的背景下，这些货币提供的风险对冲明显优于离岸人民币。事实上，作为世界上最重要的货币，美元在国际贸易、金融市场和大宗商品市场上扮演着基准货币的角色，其避险特征自然比离岸人民币更强。瑞士法郎、欧元和日元是传统的避险货币。至于其他货币，它们避险特征明显弱于离岸人民币。第四，在分析离岸人民币与"一带一路"沿线国家和地区货币的关系时，β_2^k 系数也非常显著，系数为正的比例大于系数为负的比例。当前，一个显著为负的信号表明，当全球风险增加时，离岸人民币会对相应货币升值。离岸人民币对捷克克朗、匈牙利福林、韩元、波兰兹罗提和俄罗斯卢布和土耳其里拉的双边汇率变化就是如此，这使得离岸人

民币的避险特征更加突出。相比之下，占比一半的β_2^k系数似乎显著为正，这表明离岸人民币的避险特征对于"一带一路"沿线国家和地区的货币来说还不突出。然而值得强调的是，韩元、俄罗斯卢布和土耳其里拉都是具有区域代表性的货币，而与它们相比，离岸人民币对全球风险的对冲能力更强。在一定程度上，可能会出现离岸人民币相对于"一带一路"沿线国家和地区货币具有比实证结果所揭示的更强的避险资产特征的情况。此外，β_2^k系数不显著则意味着在全球风险因子上升的情况下，离岸人民币相对于东盟国家货币的汇率没有显著变化。根据 Baur 和 Lucey（2010），这种现象在一定程度上反映了特定资产具有避险资产特征。因此，离岸人民币相对于这些货币也具有避险价值。总之，离岸人民币具有的避险特征主要存在于和少数主要货币的比较中，而离岸人民币相对于"一带一路"沿线国家和地区货币的避险特征则相对较弱。

表 9.4 离岸人民币相对于主要货币的扩展的 UIP 回归

	α^k	β_0^k	β_1^k	β_2^k	R^2	DW
	（常数项）	$(f_t^k - s_t^k)$	(AFX_{t+1})	$(\Delta(VIX)_{t+1})$		
AUD	−0.003	0.005	1.109 ***	−0.604 ***	0.489	1.939
	（0.010）	（0.054）	（0.024）	（0.109）		
CAD	−0.000	−0.024	0.759 ***	−0.247 ***	0.390	1.906
	（0.013）	（0.057）	（0.020）	（0.093）		
CHF	0.028	−0.059	0.910 ***	1.082 ***	0.315	1.946
	（0.030）	（0.083）	（0.028）	（0.130）		
EUR	0.010	−0.015	0.998 ***	0.592 ***	0.546	1.942
	（0.017）	（0.051）	（0.019）	（0.087）		
GBP	0.039 *	−0.172 **	0.796 ***	−0.069	0.296	1.867
	（0.021）	（0.078）	（0.025）	（0.119）		
JPY	−0.026	0.078	0.485 ***	2.052 ***	0.161	1.916
	（0.028）	（0.087）	（0.029）	（0.140）		
NOK	−0.006	0.003	1.264 ***	−0.796 ***	0.490	1.939
	（0.016）	（0.070）	（0.027）	（0.123）		

	α^k	β_0^k	β_1^k	β_2^k	R^2	DW
	（常数项）	$(f_t^k - s_t^k)$	(AFX_{t+1})	$(\Delta(VIX)_{t+1})$		
NZD	0.006	−0.006	1.188 ***	−0.336 ***	0.445	1.962
	（0.012）	（0.072）	（0.027）	（0.126）		
SEK	0.006	−0.016	1.144 ***	−0.119	0.489	1.955
	（0.016）	（0.049）	（0.024）	（0.111）		
SGD	0.002	0.009	0.605 ***	−0.118 **	0.582	1.942
	（0.008）	（0.035）	（0.011）	（0.051）		
USD	0.006	−0.011	0.072 ***	0.471 ***	0.036	1.930
	（0.009）	（0.039）	（0.012）	（0.061）		
ZAR	0.016	0.157	1.262 ***	−2.675 ***	0.290	1.903
	（0.050）	（0.158）	（0.045）	（0.203）		

注：*** 在1%水平上显著；** 在5%水平上显著；* 在10%水平上显著；括号中表示标准误。

表9.5　离岸人民币相对于"一带一路"沿线国家和地区货币的扩展的 UIP 回归

	α^k	β_0^k	β_1^k	β_2^k	R^2	DW
	（常数项）	$(f_t^k - s_t^k)$	(AFX_{t+1})	$(\Delta(VIX)_{t+1})$		
AED	0.009	0.003	0.484 ***	0.484 ***	0.304	1.935
	（0.008）	（0.033）	（0.016）	（0.052）		
BGN	0.014	−0.001	1.447 ***	0.326 ***	0.545	1.930
	（0.016）	（0.053）	（0.027）	（0.087）		
BHD	0.003	0.038	0.484 ***	0.519 ***	0.297	1.950
	（0.007）	（0.029）	（0.016）	（0.053）		
CZK	−0.005	0.068	1.615 ***	−0.207 *	0.444	1.942
	（0.018）	（0.056）	（0.037）	（0.119）		
EGP	0.116 ***	0.081 ***	0.477 ***	0.212	0.038	1.994
	（0.036）	（0.011）	（0.078）	（0.254）		

	α^k	β_0^k	β_1^k	β_2^k	R^2	DW
	（常数项）	$(f_t^k - s_t^k)$	(AFX_{t+1})	$(\Delta (VIX)_{t+1})$		
AED	0.009	0.003	0.484 ***	0.484 ***	0.304	1.935
	(0.008)	(0.033)	(0.016)	(0.052)		
HUF	0.002	0.028	1.768 ***	−0.887 ***	0.385	1.929
	(0.015)	(0.053)	(0.046)	(0.147)		
IDR	−0.033 *	−0.088	0.597 ***	0.073	0.136	1.925
	(0.018)	(0.061)	(0.031)	(0.102)		
KRW	0.008	−0.026	0.606 ***	−0.218 *	0.105	1.965
	(0.013)	(0.059)	(0.037)	(0.123)		
KWD	0.007	−0.008	0.619 ***	0.458 ***	0.456	1.958
	(0.006)	(0.028)	(0.014)	(0.047)		
KZT	0.001	0.044 ***	0.592 ***	0.303	0.037	1.950
	(0.022)	(0.015)	(0.065)	(0.218)		
LKR	−0.005	0.026	0.489 ***	0.495 ***	0.155	1.924
	(0.014)	(0.033)	(0.024)	(0.081)		
MAD	0.016 **	0.023	1.213 ***	0.263 ***	0.630	1.932
	(0.007)	(0.029)	(0.019)	(0.062)		
MYR	−0.005	0.072	0.665 ***	−0.024	0.180	1.951
	(0.009)	(0.059)	(0.029)	(0.097)		
OMR	0.009	−0.001	0.483 ***	0.491 ***	0.302	1.937
	(0.007)	(0.032)	(0.016)	(0.052)		
PHP	0.010	−0.078 **	0.598 ***	0.102	0.237	1.933
	(0.007)	(0.037)	(0.022)	(0.074)		
PKR	−0.026 *	−0.021	0.514 ***	0.444 ***	0.118	1.929
	(0.014)	(0.033)	(0.030)	(0.098)		
PLN	0.011	0.054	1.750 ***	−0.833 ***	0.426	1.935
	(0.013)	(0.062)	(0.042)	(0.134)		

	α^k	β_0^k	β_1^k	β_2^k	R^2	DW
	（常数项）	$(f_t^k - s_t^k)$	(AFX_{t+1})	$(\Delta (VIX)_{t+1})$		
AED	0.009	0.003	0.484 ***	0.484 ***	0.304	1.935
	(0.008)	(0.033)	(0.016)	(0.052)		
RON	0.010	0.007	1.527 ***	0.064	0.505	1.934
	(0.010)	(0.038)	(0.031)	(0.099)		
RSD	0.014	0.032	1.450 ***	0.334 ***	0.456	1.927
	(0.011)	(0.031)	(0.033)	(0.104)		
RUB	−0.072	−0.092	0.847 ***	−3.152 ***	0.099	1.948
	(0.044)	(0.084)	(0.079)	(0.259)		
SAR	0.008	0.009	0.484 ***	0.484 ***	0.303	1.938
	(0.008)	(0.034)	(0.016)	(0.052)		
THB	0.008	0.048	0.655 ***	0.000	0.330	1.886
	(0.007)	(0.034)	(0.019)	(0.063)		
TRY	−0.053	0.008	0.996 ***	−1.456 ***	0.111	1.823
	(0.037)	(0.042)	(0.063)	(0.205)		
VND	0.005	0.009	0.481 ***	0.460 ***	0.270	1.947
	(0.005)	(0.018)	(0.017)	(0.056)		

注：*** 在1%水平上显著；** 在5%水平上显著；* 在10%水平上显著；括号中表示标准误。

汇率变化与全球风险因子之间的时变关系

考虑到在我们的样本期内可能出现了结构性变化，相应的研究结论可能也发生了重大变化。同时，在此期间，人民币汇率制度也进行了几次改革，这可能对离岸人民币汇率变化与全球风险因子之间的关系产生深远影响。因此，本节通过进一步探讨离岸人民币对主要货币和"一带一路"沿线国家和地区货币的双边汇率变化与全球风险因子之间的时变关系，以丰富本章的研究结论。

图 9.1 和图 9.2 分别显示了离岸人民币对主要货币和"一带一路"沿线国家和地区货币双边汇率变化与全球风险因子之间关系的动态演变路径。根据图 9.1，这些观察结果都非常显著。首先，在样本期内，离岸人民币兑瑞士法郎的双边汇率变化与全球风险因子之间的时变关系与日元一致。特别是随着全球风险的增加，瑞士法郎和日元相对于离岸人民币保持升值趋势，两种货币的避险特性趋于增强，而日元的避险特性强于离岸人民币。这可能是由于中日两国地理位置接近，国际贸易密切。因此，与传统的避险货币相比，离岸人民币的避险特征并不突出。其次，与瑞士法郎和日元相比，离岸人民币对欧元和美元的双边汇率变化的时变波动以及全球风险因子相对较弱。欧元在 2016 年上半年大幅波动的原因可能归因于英国脱欧公投，在此期间，避险情绪激升，以欧元计价的资产能够吸引部分英镑避险资金流入，导致时变波动达到峰值，即欧元相对于离岸人民币的避险价值增加。至于美元，相对于离岸人民币保持着温和的升值状态。总体而言，美元的避险特征并不突出。尤其是在 2017 年下半年，离岸人民币比美元更能抵御全球风险波动。这可能是因为 2017 年美元受到国际和国内局势的双重影响，无法从低迷的市场中解脱出来。与此相反，人民币币值继续坚挺，从而在一定程度上满足了投资者的避险需求。然而，值得注意的是，自中美贸易摩擦开始以来，美元相对于离岸人民币的避险特征变得更加明显，并持续呈增长趋势。这在一定程度上反映了一个事实：离岸人民币尚未完全具备避险特征。再次，就离岸人民币兑澳元、加元和新西兰元而言，汇率变化与全球风险因子之间的时变关系趋于一致。其中，主要变化发生在 2016 年上半年，当时离岸人民币的避险特征高于这三种货币。造成这种情况的一个潜在原因是，这些都是与大宗商品关系密切的货币，其价值深受国际大宗商品价格的影响。2015 年到 2016 年上半年，大宗商品价格处于缓慢下降状态，因此相关货币的币值仍然相对疲软。然而对人民币而言，其币值相对稳定，中国市场对大宗商品的稳定需求意味着离岸人民币的保值价值大大增加。最后，离岸人民币具有比挪威克朗、新加坡元和南非兰特更突出的避险特征，对南非兰特而言尤为明显。具体而言，离岸人民币对这三种货币的汇率变化与全球风险因子之间的时变关系通常为负。南非兰特总体上趋于下降，特别是在 2015 年至 2016 年上半年，因此这种负的时变关系继续加强。

根据图 9.2，我们可以得出几个结论。首先，离岸人民币兑匈牙利福林

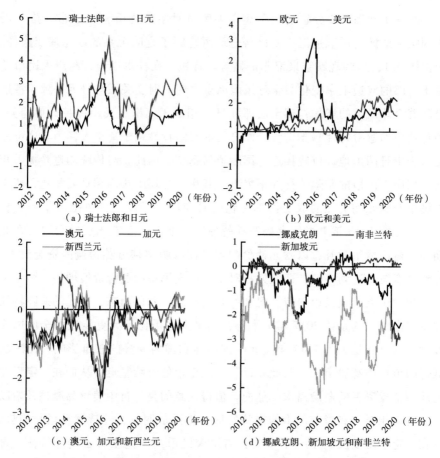

**图 9.1 离岸人民币相对于主要货币（部分）的双边汇率变动
与全球风险因子之间关系的动态路径**

的双边汇率变化与全球风险因子之间的时变关系与波兰兹罗提的时变关系基
本一致。虽然时变关系在某些时期内为正，但总体上以负值为主。也就是
说，离岸人民币相对于这两种货币的避险特征持续存在。但值得注意的是，
2015年之后的避险特征与2015年之前的实力相比逐渐减弱。它看起来是一
个时变关系，开始在接近零的位置上下徘徊。这可能是由于全球政治和经济
不确定性加强，促使投资者逐渐关注传统避险资产，并导致离岸人民币避险
属性减弱。其次，离岸人民币兑捷克克朗的双边汇率变化与全球风险因子之
间的时变关系基本上与俄罗斯卢布相反。离岸人民币相对于俄罗斯卢布的避
险特征仍然存在，因为离岸人民币兑俄罗斯卢布的双边汇率变化与全球风险

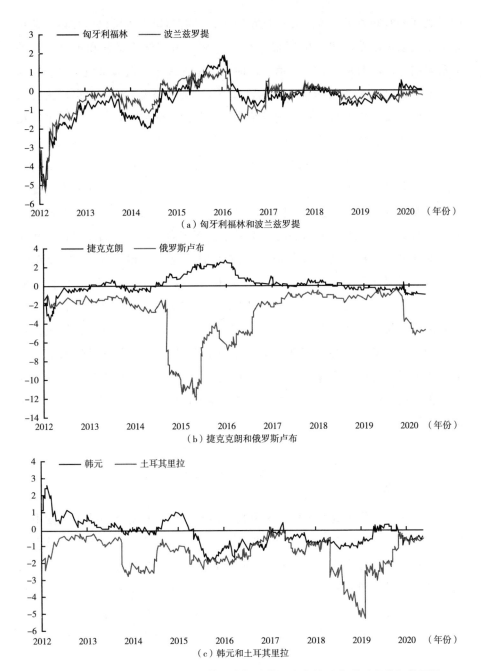

（a）匈牙利福林和波兰兹罗提

（b）捷克克朗和俄罗斯卢布

（c）韩元和土耳其里拉

**图 9.2 离岸人民币相对于"一带一路"沿线国家和地区货币（部分）的双边
汇率变动与全球风险因子之间关系的动态路径**

因素之间的时间差低于零。在极端情况下，持有离岸人民币以对冲俄罗斯卢布汇率波动可以获得更高的回报。2014年底，由于油价暴跌和俄乌冲突的双重影响，俄罗斯卢布大幅贬值。此时，离岸人民币的避险价值凸显。在这种情况下，以VIX指数衡量的全球风险因子每增加1%，将导致离岸人民币对俄罗斯卢布升值12%，比平均效应高出4倍多。显然，这在一定程度上反映了俄罗斯经济和金融的脆弱性以及卢布的不稳定性。在与俄罗斯的双边贸易或其他国际经济和金融活动中，我们必须提高风险规避意识，并做好将卢布兑换成离岸人民币或其他避险货币的准备。目前，离岸人民币相对于捷克克朗的避险特征令人困惑。在极端情况下，离岸人民币兑捷克克朗的双边汇率变化与全球风险因子之间的时变关系已转为正向。最后，离岸人民币相对于土耳其里拉的避险特征持续存在，在极端情况下变得更加突出。2018~2019年，受政治局势、货币和财政政策不确定性的影响，土耳其里拉大幅贬值，离岸人民币的避险性质相对显著增强。VIX指数每上涨1%，导致离岸人民币相对于土耳其里拉升值5%。离岸人民币对韩元的避险特征正在加强。2016年之后，离岸人民币兑韩元的双边汇率变化与全球风险因子之间的时变关系一直保持在零以下。这可能是因为中国和韩国不断开展货币互换、积极推动经贸往来和金融市场交易，使人民币与韩元之间的关系变得更密切了。

五 结论和政策启示

本章基于经典的资产定价框架分析了离岸人民币相对于一些主要货币和"一带一路"沿线国家和地区货币的双边汇率变化，然后探讨离岸人民币是否具有避险货币的特征。具体而言，本章首先介绍了包括货币风险因素在内的扩展的未抵补利率平价（UIP）回归，以获得对离岸人民币避险特征的基本理解。然后重点评估离岸人民币相对于不同货币的双边汇率变化与以VIX指数代表的全球风险因子之间的时变关系，以进一步研究上述避险属性的时变特征。

本章得出了一些有趣的结论。首先，离岸人民币具有避险特征，相对于一些主要货币和"一带一路"沿线国家和地区的一些货币存在避险特征。特别是在主要货币中，离岸人民币对澳元、加元、新西兰元和新加坡元等部分货币的表现得像是一种避险资产。在"一带一路"沿线国家和地区货币中，离岸人民币对部分货币（包括捷克克朗、匈牙利福林、韩元、波兰兹罗提、俄罗斯卢布和土耳其里拉）也表现得像一种避险资产。其次，与主要货币相比，离岸人民币的避险特征在"一带一路"沿线国家和地区货币中普遍较弱。考虑到中国经济未来的增长趋势、人民币国际化的不断深化和"一带一路"倡议的推进，全球对人民币的认可度和接受度将大大提高，离岸人民币安全资产属性相对较弱的现状也将得到改善。再次，以瑞士法郎、欧元、日元和美元为代表的传统避险货币提供了比离岸人民币更好的全球风险对冲，这些货币的对冲价值明显强于离岸人民币。换言之，人民币目前在全球金融市场上没有足够的力量与传统避险货币竞争，人民币的升值也没有完全颠覆全球货币体系。最后，离岸人民币的避险属性具有时变特征。当极端事件发生时，离岸人民币的套期保值价值变得更高。例如，在俄罗斯金融危机和土耳其货币危机期间，离岸人民币对俄罗斯卢布和土耳其里拉的对冲表现出色。显然，这在一定程度上可以为极端风险情况下的外汇对冲策略安排提供新思路。

在推进人民币国际化和"一带一路"倡议进程中，人民币成为避险货币并不在主要战略目标之列，但这无疑仍然是一个非常重要和有意义的话题。一方面，它表明了中国国际地位的逐步提升，同时也体现了国际社会对中国作为负责任大国的认同。另一方面，它可以帮助以人民币计价的金融产品在全球外汇资产配置中获得更广泛的市场认可，尤其是在全球市场面临潜在极端风险时更是如此。

为了加强人民币的避险特征，中国仍需在几个领域取得重大进展。一是应稳步推进人民币汇率制度改革，以确保其灵活性能够更好地反映市场规则；二是大力推进香港离岸人民币市场，为金融创新政策试点提供更多空间；三是应推动人民币国际化基础设施建设，并在支持支付和结算系统、会计准则和评级系统方面做出更多有益的尝试；四是应继续加强与"一带一路"沿线国家和地区的经贸关系，并考虑与其合作开展人民币国际化试点。

参考文献

Akram, Q.F., Rime, D. and Sarno, L. (2008), Arbitrage in the foreign exchange market: Turning on the microscope, *Journal of International Economics* 76(2): 237–53. doi.org/10.1016/j.jinteco.2008.07.004.

Bacchetta, P., Mertens, E. and Wincoop, E.V. (2009), Predictability in financial markets: What do survey expectations tell us?, *Journal of International Money & Finance* 28(3): 406–26. doi.org/10.1016/j.jimonfin.2008.09.001.

Backus, D.K., Foresi, S. and Telmer, C.I.(2001), Affine term structure models and the forward premium anomaly, *The Journal of Finance* 56(1): 279–304. doi.org/10.1111/0022-1082.00325.

Bank for International Settlements (BIS) (2019), *Triennial Central Bank Survey: Global Foreign Exchange Market Turnover in 2019*, Basel, Switzerland: Monetary and Economic Department of the Bank for International Settlements.

Baur, D.G. and Lucey, B.M. (2010), Is gold a hedge or a safe haven? An analysis of stocks, bonds and gold, *The Financial Review* 45(2): 217–29. doi.org/10.1111/j.1540-6288.2010.00244.x.

Burnside, C., Eichenbaum, M., Kleshchelski, I. and Rebelo, S. (2011), Do peso problems explain the returns to the carry trade?, *Review of Financial Studies* 24(3): 853–91. doi.org/10.1093/rfs/hhq138.

Cochrane, J.H. (2005), *Asset Pricing*, 2nd edn, Princeton, NJ: Princeton University Press.

Coudert, V., Guillaumin, C. and Raymond, H. (2014), *Looking at the Other Side of Carry Trades: Are There Any Safe Haven Currencies?*, CEPII Working Paper 2014-03, Paris: Centre d'Études Prospectives et d'Informations Internationales.

Fama, E.F. and French, K.R. (1993), Common risk factors in the returns on stocks and bonds, *Journal of Financial Economics* 33(1): 3–56. doi.org/10.1016/0304-405X(93)90023-5.

Farhi, E. and Gabaix, X. (2016), Rare disasters and exchange rates, *The Quarterly Journal of Economics* 131(1): 1–52. doi.org/10.1093/qje/qjv040.

Fatum, R. and Yamamoto, Y. (2016), Intra–safe haven currency behavior during the global financial crisis, *Journal of International Money and Finance* 66: 49–64. doi.org/10.1016/j.jimonfin.2015.12.007.

Fatum, R., Yamamoto, Y. and Zhu, G. (2017), Is the Renminbi a safe haven?, *Journal of International Money and Finance* 79: 189–202. doi.org/10.1016/j.jimonfin.2017.09.010.

Financial Stability Analysis Group of the People's Bank of China (2019), *China Financial Stability Report 2019*, [In Chinese], Beijing: China Financial Publishing House.

Frankel, J.A. and Wei, S.J. (1994), Yen bloc or dollar bloc? Exchange rate policies of the East Asian economies, in T. Ito and A.O. Krueger (eds), *Macroeconomic Linkage: Savings, Exchange Rates, and Capital Flows*, 295–355, Chicago: University of Chicago Press.

Grisse, C. and Nitschka, T. (2015), On financial risk and the safe haven characteristics of Swiss franc exchange rates, *Journal of Empirical Finance* 32: 153–64. doi.org/10.1016/j.jempfin.2015.03.006.

Habib, M.M. and Stracca, L. (2012), Getting beyond carry trade: What makes a safe haven currency?, *Journal of International Economics* 87(1): 50–64. doi.org/10.1016/j.jinteco.2011.12.005.

Hossfeld, O. and MacDonald, R. (2015), Carry funding and safe haven currencies: A threshold regression approach, *Journal of International Money and Finance* 59: 185–202. doi.org/10.1016/j.jimonfin.2015.07.005.

Ito, T. (2010), China as number one: How about the renminbi?, *Asian Economic Policy Review* 5: 249–76. doi.org/10.1111/j.1748-3131.2010.01169.x.

Ito, T. (2017), A new financial order in Asia: Will a RMB bloc emerge?, *Journal of International Money and Finance* 74: 232–57. doi.org/10.1016/j.jimonfin.2017.02.019.

Jian, Z. and Zheng, X. (2016), A study on the influence of RMB in Asia during the process of exchange rate reform: Based on the perspective of both time and space dimension, [In Chinese], *World Economy Studies* 3: 61–69.

Jin, Z. and Chen, H. (2012), The realisation of interest rate parity in China, [In Chinese], *Journal of Financial Research* 7: 63–74.

Liu, G. and Zhang, Y. (2018), Does the RMB play the role of anchor in the currency circle of 'the Belt and Road initiative'? Based on the comparative study of RMB and main international currencies, [In Chinese], *Studies of International Finance* 7: 32–41.

Lustig, H., Roussanov, N. and Verdelhan, A. (2011), Common risk factors in currency markets, *The Review of Financial Studies* 24(11): 3731–77. doi.org/10.1093/rfs/hhr068.

Menkhoff, L., Sarno L., Schmeling, M. and Schrimpf, A. (2012), Carry trades and global foreign exchange volatility, *The Journal of Finance* 67(2): 681–718. doi.org/10.1111/j.1540-6261.2012.01728.x.

Peng, H., Tan, X., Chen, W., Peng, H., Tan, X., Chen, W. and Li, Y. (2015), Asian monetary cooperation and RMB regionalisation process: An empirical research based on panel SURADF test with a Fourier function, [In Chinese], *World Economy Studies* 1: 36–47.

People's Bank of China (PBC) (2020), *RMB Internationalisation Report 2020*, 14 August, Beijing: PBC.

Pontines, V. and Siregar, R. (2012), Fear of appreciation in East and Southeast Asia: The role of the Chinese renminbi, *Journal of Asian Economics* 23(4): 324–34. doi.org/10.1016/j.asieco.2012.03.005.

Ranaldo, A. and Söderlind, P. (2010), Safe haven currencies, *Review of Finance* 14(3): 385–407. doi.org/10.1093/rof/rfq007.

Shu, C., He, D. and Cheng, X. (2015), One currency, two markets: The renminbi's growing influence in Asia-Pacific, *China Economic Review* 33: 163–78. doi.org/10.1016/j.chieco.2015.01.013.

Subramanian, A. and Kessler, M. (2013), The renminbi bloc is here: Asia down, rest of the world to go?, *Journal of Globalisation and Development* 4(1): 49–94. doi.org/10.1515/jgd-2013-0017.

Verdelhan, A. (2018), The share of systematic variation in bilateral exchange rates, *The Journal of Finance* 73(1): 375–418. doi.org/10.1111/jofi.12587.

Xiao, L. and Liu, Y. (2016), Uncovered interest rate parity puzzle: Four hypothesis tests, [In Chinese], *Management World* 7: 51–62.

Yang, R. and Li, Y. (2017), Capital account liberalisation and the anchor currency status of RMB during its globalisation process, [In Chinese], *Economic Research Journal* 52(1): 134–48.

Yin, L. and Wu, Y. (2017), The research of offshore RMB's regional influence: A perspective based on information spillover, [In Chinese], *Journal of Financial Research* 8: 1–18.

图书在版编目（CIP）数据

中国迈向高收入经济体的挑战／宋立刚，周伊晓主
编；陈三攀译.--北京：社会科学文献出版社，
2023.10
（"中国经济前沿"丛书）
书名原文：China's Challenges in Moving
towards a High-income Economy
ISBN 978-7-5228-1574-9

Ⅰ.①中… Ⅱ.①宋… ②周… ③陈… Ⅲ.①中国经
济-研究 Ⅳ.①F12
中国国家版本馆 CIP 数据核字（2023）第 048507 号

"中国经济前沿"丛书
中国迈向高收入经济体的挑战

主　　编／宋立刚　周伊晓
译　　者／陈三攀

出 版 人／冀祥德
责任编辑／恽　薇　武广汉
责任印制／王京美

出　　版／社会科学文献出版社·经济与管理分社（010）59367226
　　　　　　地址：北京市北三环中路甲29号院华龙大厦　邮编：100029
　　　　　　网址：www.ssap.com.cn
发　　行／社会科学文献出版社（010）59367028
印　　装／三河市龙林印务有限公司

规　　格／开　本：787mm×1092mm　1/16
　　　　　　印　张：14.25　字　数：237千字
版　　次／2023年10月第1版　2023年10月第1次印刷
书　　号／ISBN 978-7-5228-1574-9
定　　价／98.00元

读者服务电话：4008918866